高校大学生创新能力培养与创新创业教育研究

兰小毅　著

中国原子能出版社

图书在版编目(CIP)数据

高校大学生创新能力培养与创新创业教育研究 / 兰小毅著. — 北京：中国原子能出版社，2020.4 (2024.1重印)
ISBN 978－7－5221－0528－4

Ⅰ. ①高… Ⅱ. ①兰… Ⅲ. ①大学生－创造能力－能力培养－研究②大学生－创业－研究 Ⅳ. ①G640 ②G647.38

中国版本图书馆 CIP 数据核字(2020)第 068436 号

高校大学生创新能力培养与创新创业教育研究

出版发行	中国原子能出版社(北京市海淀区阜成路 43 号　100048)
责任编辑	胡晓彤
装帧设计	刘慧敏
责任校对	刘慧敏
责任印制	赵　明
印　　刷	河北文盛印刷有限公司
经　　销	全国新华书店
开　　本	787 mm×1092 mm　　　1/16
印　　张	12.75
字　　数	220 千字
版　　次	2020 年 4 月第 1 版　　2024年 1 月第 2 次印刷
书　　号	978－7－5221－0528－4　　　**定　价**　58.00 元

网址：http://www.aep.com.cn　　　E-mail：atomep123@126.com
发行电话：010－68452845

前 言 PREFACE

创新精神是一个民族乃至一个国家发展的重要源泉,一个缺少创新精神的国家会在世界的激烈竞争中被淘汰。随着我国社会经济和科技的发展,我国对高素质教育越来越重视。高等院校对高素质的创新创业型人才的培养有利于大学生今后的发展,同时高素质的创新创业型人才也同样有利于我国建成创新型国家的目标实现。因此,在全面深化高等学校创新创业教育改革背景下,高校更加注重大学生创新精神和创新能力的培养。

本书分别从高校大学生创新与创新能力、高校大学生创新能力的开发、高校大学生创新意识的培养、高校大学生创新能力的形成机理、高校大学生创业基础、大学生众创空间建设、高校大学生创新创业教育、高校大学生创业必备素质、大学生创业规划、高校大学生创业的商业模式等方面进行研究与讨论。以期通过本书的介绍,能够对高校大学生创新能力培养与创新创业教育研究的发展提供帮助。

本书由兰小毅(西安工业大学)著。在写作过程中,笔者参考了部分相关资料,获益良多。在此,谨向相关学者和师友表示衷心感谢。

由于水平所限,有关问题的研究还有待进一步深化、细化,书中不足之处在所难免,欢迎广大读者批评指正。

著 者

2020 年 4 月

目 录 CONTENTS

第一章　高校大学生创新与创新能力

第一节　知识经济创新的趋势

知识经济时代是经济加速全球化的时代。在知识经济条件下，创新学的理论和实践必然突破国界的限制，成为具有跨国性、普遍性、通用性的学科。在知识经济时代，人类创新变革的 10 大趋势如下。

一、创新——营销的主旋律

创新是知识经济时代营销管理进步的表现，也是知识经济时代管理发展的动力。创新始终贯穿于整个管理发展的过程之中。

二、知识——最重要的管理资源

知识经济时代突出表现为：①知识成为主导资本；②信息成为重要资源；③知识的生产和再生产成为经济活动的核心；④信息技术是知识经济的载体和基础；⑤经济增长方式出现了资产投入无形化、资源环境良性化、经济决策知识化的发展趋势。

知识是知识经济时代的主要资源，也是管理中的最重要和主要的资源。知识经济时代的管理是知识化的管理。

三、"学习型组织"——知识经济时代的成功管理的模式

知识经济是相对于农业经济、工业经济而言的，它是建立在知识和信息的生产、分配、交换和使用基础上的经济。知识用于经济，知识成为经济发展的主要动力。学习是接受新事物、发展新管理和提高软产品功能的一个重要途径。知识经济时代的管理实质上就是增加管理的知识成分，发展知识管理创新系统。

四、快速的应变力——知识经济时代的新要求

管理快速反应的应变能力是管理效率的体现，也是赢得管理主动权的关键。

五、权力结构转换——由正金字塔为倒金字塔

这是知识经济时代管理体制的改革,也是公司管理的一次飞跃。知识经济一方面促进世界新时代的到来,加速经济全球化的进程,使知识化取代工业化;另一方面促使全球面临新的国际分工。知识经济发达国家将成为"头脑国家",而知识经济发展滞后者将沦为"躯干国家",听"头脑国家"驱使。从低缘经济的角度看,管理者要服从这一经济模式所带来的国际发展趋势需要。

六、弹性系统——知识经济时代的跨功能、跨企业的团队

这是知识经济时代管理的一种变通战略的实施,而管理则成为一种特殊的知识财富。

七、全球战略——知识经济时代公司营销决战成效的关键

知识经济时代,是全球实现运作一体化的时代。全球化的大浪潮将以惊天动地的速度和力度,向人类社会的一切领域挺进,且无论是深度还是广度,都将登峰造极。在知识经济时代,管理协作已成为全球化的问题,管理体系向全球体系发展,将逐步演变成一个全球的大系统。

经济全球化是当今世界经济发展的最重要趋势,现代化大生产本身的客观规律必然要求实现全球化分工。在这一经济规律的驱动下,各国公司和产品纷纷走出国门,在世界范围内寻求发展机会,许多产品都已成为全球产品,许多支柱产业也已成为国际支柱产业,而不是某一国的产品或产业。特别是一些实力雄厚的跨国公司,早已把全球市场置于自己的营销范围内,以一种全球营销的观念来指导公司的营销活动。例如,可口可乐公司在世界几十个国家都有生产点并在100多个国家拥有市场,成为一个总部设在美国的全球公司;空中客车公司早已不是法国公司而是欧洲公司,并把营销触角伸向各国市场,这些公司都把眼光放在世界地图上开展全球营销活动。

八、跨文化管理——管理文化的升华

在知识经济时代,管理成了一种人的艺术,成了全球的一种新文化现象。管理科学的发展过程也是管理科学跨地域、跨国界的传播过程。

九、实现"忠诚目标"——满意

即顾客满意、员工满意、投资者满意、社会满意,这是公司永恒的追求。知识经济时代的管理是重视市场和用户的管理。

十、"没有管理的管理"——管理的最高境界

在知识经济时代,管理向制度化、规范化和智能化发展,一种全新的软管理形式将出现。

第二节　知识创新的概念

知识和知识创新是知识经济时代新的资源,这就是知识经济新资源配置的定位。知识经济是以知识创新、智力等无形资产和软产品等资源为第一要素。

一、知识创新的特征

(一)知识创新是力量的源泉

知识工程是21世纪人类发展的核心工程,同时,它也是人类进步的动力。知识是人类社会之根本,是可以为人类带来超额利润的资源。随着第三次知识革命的兴起,知识产业已形成成为凌驾于农业、牧业、工业、商业服务业之上的新兴产业,它与信息产业构成了超工业的第四产业。因此,知识财富已构成比土地、资本、公司更为关键的社会文明。第一次知识革命和农业革命形成了伟大神奇的东方文明,而第二次知识革命和工业革命则形成了无比强大的西方文明,而第三次知识革命和信息革命将融合东西方文明,形成前所未有的全球文明,也就是地球文明。在21世纪里,知识在社会生产力增长和社会文明进步中将发挥更大的作用。

(二)知识创新是各国角逐的重要资源

人类社会的知识化是21世纪世界的潮流,这股潮流的几个支流如下。

》》1.产业知识化

知识在产业中的作用越来越大。知识和知识创新是一种无形的产品,也可以说是软产品。21世纪,创造和运用管理知识将成为一个新的综合软产品产业。

》》2.管理知识化

经济管理已让位于科学管理,以至于创立了人工智能管理科学。

》》3.社会知识化

科学技术向政治、经济、文化及生活等各个领域渗透,迫使人们不断吸收新知识,以适应社会发展的需要。

》》4.企业知识化

企业知识是企业发展的一个重要因素。独特的创意是21世纪企业在竞争中制胜的法宝。企业经营和生产是建立在创新基础上的,要求"人无我有,人有我新,人新我奇,人奇我绝"。因此,21世纪企业的知识是创新的知识,如知识产权和商标是企业财富的象征,谁有驰名的商标和品牌,谁就拥有广阔的市场,企业的无形资产也随之不断升值。

二、知识创新的价值

21世纪是知识价值社会和全球知识资本体系出现的世纪。在21世纪里,知识创新价值大大提高,知识资本成为世界最主要的资本和最有价值的资产。

所谓知识和知识创新的价值,是指用知识创造出来的价值。其定义是,由于反映社会结构和社会主观意识,被社会所承认的带有创造性的知识价值。它大都体现在物质形态或服务之中。例如,两台硬件相同的电脑,一台虽是另一台的1.5倍价格,可还是有不少人购买,这就是说人们承认这台高价的电脑的价值,这个价值即电脑的品牌价值、服务价值等,因此使这台电脑具有比另一台更高的"知识价值"。由于电脑和通信网络的飞速发展,信息和知识的储存、加工、交流变得极为方便,"知识价值"的创造机能,如开发新技术和新产品、计划新事业、创造新的艺术形式等因此而大大加强,"知识价值"将成为社会产品价值构成中的主要部分。

三、知识创新领域

在知识经济时代,知识创新将全部占领陆地、海洋和太空三个领域。

第一大知识创新领域是人类生活的主要栖息地陆地和大陆架,它既是创造文明、发展科学技术的主要基地,也是人类研究和开发的第一大知识领地。

海洋在人类的知识创新活动中也日益重要。海洋是一座知识创新的宝库,在人类现代文明的进程中,海洋活动、海洋文化、海洋科学、海洋生命和海上建筑、海洋实验室等成为人类社会知识创新的第二战场,形成了又一座文明宝库和知识殿堂,海洋产业的兴起,将人类真正带入了大海洋的世纪。

四、知识创新引发知识的革命

21世纪的知识核爆炸现象是20世纪知识创新大爆炸现象的延续。人类对知识的认识表明,由于知识的增长方式取决于知识晶体结构的改变。知识的增长或呈"指数型"或呈"S"形。知识的交叉,新学科群的不断产生,老学科知识的渐趋淘汰和改进,均是知识的单元结晶即知识的集聚形态的先决条件。知识晶体的变化,即由"多晶体"变为"单晶体",其原因在于在知识的"多晶体"系统中,有一种知识的智能极高,它能迫使其他的知识晶体改变自己的晶型。因此,我们可以看到,随着时间的推移,人类的知识出现了五大奇特的现象:知识爆炸的间隔时间越来越短;知识更新的周期越来越短;知识的深度随时间发展越来越深;知识的精度随时间发展越来越精确;知识的交叉性随综合学科的大量出现越来越广。

第三节　创新能力概述

一、创新能力的定义

创新能力是指在前人发现或发明的基础上,通过自身的努力创造性地提出新的发现、发明或改进革新方案的能力,也是指怀疑、批判和调查的能力,是研究者运用知识和理论,在科学、艺术、技术和各种实践活动领域中,不断提供具有经济价值、社会价值、生态价值的新思想、新理论、新方法和新发明的能力。创新能力主要包括以下五个方面:创新意识、创新基础、创新智能(包括观察能力、思维能力、想象能力、操作能力等)、创新方法和创新环境。

创新能力的定义主要强调几点:(1)在前人发现或发明的基础上。任何人的创新、创造、发明和发现都离不开人类已有的知识和信息。人类社会的发展就是通过不断的继承、批判、发展和创新实现的;(2)通过自己的努力。对于创新者要有强烈的创新动机、创新精神和良好的创新素质和品格;(3)创造性地提出发现、发明或改进革新方案的能力。创新能力是在创造过程中体现出来的,创新能力的种种特征均涵盖其中。

二、创新与创新能力的关系

(一)创新与创新能力

创新与创新能力的关系表现在两个方面:(1)创新能力是创新、创造活动中最积极、最活跃的因素,它贯穿于创造性活动的始终。创新能力是推动创新活动的动力,又是开展创新活动的基础。没有创新能力的参与,创新活动就没有生机和活力;(2)创新成果是创新能力作用的结果。没有创新能力的作用,就不会有新事物的诞生,创新能力通过创新活动和创新成果而显示出来。在创新活动中,创新能力能得到激发和加强,并以创造成果为归宿。

因此,创新能力与创新、创新活动有着不可分割的联系,创新能力对创造性成果的生产具有重要作用。一个人的创造力强,创新能级高,创新性发挥得好,则生产的创新性成果多,生产速度快,创新效率高,创新价值大,带来的影响也越深远。

(二)创新能力开发与创造学

创新性成果的生产必须具备三个要素,即创新能力(素质)、知识经济和环境条件。从某种意义上讲,创新能力比知识更重要。在现实生活中,经常有一些学历不高、书本知识很少,却成果累累的人。而有的人学历高、书本知识多,却一辈子没有搞出什么属于自己的创造成果。例如,科技史关于电灯发明的案例记载,英国斯旺和美国爱迪生都研究电灯,斯旺先着手搞,经过32年的奋斗,发明具有实验价值的电灯,获得1项专利。美国爱迪生在此之后,用了4年多时间,发明出有实用价值的电灯,获得有关电灯的专利100多项。论学历,斯旺比爱迪生高;论书本知识,爱迪生没有斯旺多,但在生产创造性成果的能力上,爱迪生却远远超过斯旺。造成逆差的原因何在?就在于爱迪生在创新能力方面比斯旺高出一筹。

自20世纪30年代以来,人们越来越多地认识到创造力开发的重要性,积极研究开发、应用创造力的对策。实践表明,创造力可以通过开发而得以提高。创新学是指导创造力开发的重要理论基础。

三、创新能力的特性

(一)创新能力是时时处处皆有的能力

➤➤ 1. 创新能力人人皆有

创新能力是人人皆有的一种能力,即创新能力具有普遍性。它并不分人的年龄大小、正常与否,也不分智商高低,更没什么内外行,条件好坏之分。也正因为它是人人皆有的一种能力,创新理论,包括创造学、成功学、人类潜能学才有其存在的必要和意义。

在实际生活中,我们不要因为自身的条件有些不足而认为无法创新,我们应克服下面一些常见的认识误区。

(1)生理残疾无法创新

事实上有些生理有残疾的人,往往会有惊人的创新成果,常常令生理健全的人为之汗颜和羞愧。例如,自幼失聪的美国残疾女孩海伦·凯勒,以她坚韧不拔的毅力,竟然学会了说话、读书和写作,成为著名的教育学家和作家。我国家喻户晓的张海迪,胸部以下都瘫痪了,但她以坚强的毅力和百折不挠的进取精神,克服了人们难以想象的困难和阻力,发表了大量著作和译作,成了青年人的楷模。有一位科学家,因患脑疾,大脑切除了1/4,可是他依然有不少发明问世。这样的实例不胜枚举。

(2)智商不高,难以创新

有一部分人认为,智商的高低与创新存在着必要的联系,事实上影响创新最主要、最关键的因素并不是人的智力因素而是人的非智力因素,即情商。例如,有些智力存在障碍的人对数学、音乐、绘画却有超常的能力。智力并不等于创新能力,高智力更不等于高强的创新能力。

(3)文化水平不高,难以创新

具备一定的知识当然是创新的基础,但并少见的是,高学历未必能创新,过多的知识反而会抑制人的创新能力。

发明家爱迪生,只上了三个月的学,被老师以"笨蛋"为由赶出校门。伟大的科学家爱因斯坦,初中毕业考不上中等学校,而只能进瑞士的一所补习学校学习。比尔·盖茨大学辍学后依靠软件开发起家,短短的时间内便成为举世瞩目的人物。这样的例子举不胜举,学历并不能代表实际的创新能力。当然每个人也必须要好好学习,只有具备一定的专业知识才能更好地实施创新。

(4)岁数大了,不能创新

创新与年龄没有直接关系。发明家爱迪生81岁取得第1 033项专利;奥地利科学家弗贝希87岁荣获诺贝尔奖;萧伯纳93岁完成大作《牵强的故事》;我国的大画家齐白石90岁之后还天天作画;科学家钱学森90多岁还在病床上撰写科学论文。

(5)外行,不可能创新

但事实不是这样,发明电机的莫尔本人是个画家;发明电话的贝尔是语言教师;发现了天体运动规律的开普勒是一个职业编辑;近代遗传学的奠基人孟德尔是位神父等。这些例子告诉我们,创新并不直接受行业或专业知识的影响,有时外行人的创新更令行家惊叹。

▶▶ 2. 创新能力时时皆有

创新本身不受时间和空间的限制,每个时期每个人的创新能力表现都不一样。至于在什么时间能产生创新和创意,也是因人而异。也许在白天,也许在晚上,也许在淋浴过程中,也许在闲聊的过程中……创新虽然没有什么严格的时间限制,却有公认的最佳创意时间。

我国古代就已经对什么时间是最佳的创意时间有了深刻研究,古代欧阳修认为骑在马上、睡在枕上、坐在厕所上这三个时间阶段为最佳创意时间。美国创意顾问集团主席查里斯·奇克汤姆森做了一个权威的测试,结果位居前10位的最佳创意时间是:①坐在马桶上;②洗澡或刮胡子的时候;③上下班坐公共汽车的时候;④快睡着或刚睡醒时;⑤参加无聊会议时;⑥休闲阅读时;⑦进行体育锻炼时;⑧半夜醒来时;⑨上教堂听布道时;⑩从事体力劳动时。

▶▶ 3. 创新处处皆有

创新表现在各个领域、各个行业,它涵盖了社会上所有的职业,所有的方方面面,无一例外。曾有哲人说过:在每个国家里,太阳都是早晨升起的。这句话很有道理。我们也可以这样认为,一个人只要有心创新,那么创新的机会处处都有,它对每个人都是均等的。

（二）创新能力是可以激发和提升的一种能力

人的创新与创新能力是可以通过教育、训练、实践激发出来和不断提升的，即创新的可开发性。创新能力的差异是客观存在的，也是开发的前提，它的差异不表现在人的潜能上，而表现在后天的差异上。把创新能力由弱变强，迅速提升人的创新能力，只能通过教育、培训、开发、激励和实践达到。

人世间的一切成就、财富、成功和惊人的业绩，都是靠人的创新能力，但是每个人表现出来的创新能力差异却很大。

创新能力的差异正是开发创新能力的前提。虽然每个人都有创造和创新的潜能，然而，由于各个人的素质不同，能动的作用不同，这种潜能的发挥与运用也不尽相同。

（三）创新能力是一种综合性的能力

创新能力是在创新过程、创新活动中所体现出来的，是各种创新能力的合成。就创新能力本身而言，创新思维是创新能力的核心，创新能力构成如下。

▶▶ 1. 探索问题的敏锐力

任何人都有创新的禀赋。善于发现问题、提出问题的能力首先表现为敏锐力。

▶▶ 2. 统摄思维活动的能力

创新思维过程总是从推论的一个环节过渡到另一个环节。创新能力在此就体现为要把握事物整体和全貌及从第一步到最后一步的全部推论的过程。为什么在学习过程中要重视对概念的理解与认识？因为概念具有统摄的功能。人们运用抽象的概念就能不断地向知识的广度和深度拓宽和延伸。

▶▶ 3. 转移经验的能力

当我们把解决某个问题取得的经验转移用来解决类似的其他问题时，这就是运用转移经验的能力。

▶▶ 4. 形象思维的能力

用表象进行的思维活动叫作形象思维。创新不仅要用逻辑思维，同时也要运用形象思维,创新是逻辑思维和形象思维的整合。

5. 联想的能力

世上不存在不相联系的事物,创新的本质在于发现原以为没有联系的两个和两个以上事物之间的联系。创新思维的本质在于发现这种联系,联想在其中起着极其重要的作用,联想是由某一事物想到另一事物的心理过程。

6. 侧向思维能力

能够从离得很远的领域中的状态、特点和性质获得启示的思维方法。这往往是创新思维获得灵感的一个特征。

7. 灵活思维的能力

思维能迅速地、敏捷地从一类对象转变到另一类内容相隔很远的对象的能力,称之为灵活思维能力。主要表现为思路开阔,妙思泉涌。

8. 评价综合的能力

评价综合的能力,在创新活动中主要体现为从许多可能的方案中选定一个最优越的方案的能力,而不是对某一个方案的优缺点的列举,是对诸方案进行综合、比较的综合评价能力。

9. 联结和反联结的能力

联结能力是指人在知觉的时候,把所感知到的对象联结起来,并把这些新的信息同以前的知识和经验结合起来。反联结能力是使知觉和以前积累的知识相对抗,避免以前积累下来的知识产生负面影响,把观察到的东西能够纯净化的能力。这两种对称的能力对创新都具有重要的意义和作用。

10. 产生新思想的能力

思考是人生命的重要部分,要获取创新的成果,就要学习、研究和探索,就必须有形成新思想的能力、评价思想的首要准则是其思想的现实可行性,另一准则就是新思想的广度和深度,即能够概括和解释各种各样的大量事实的能力。

▶▶ **11.** 预见的能力

预见是人通过想象来推测未来的能力,对未来的发展趋势能进行预测。

▶▶ **12.** 运用语言的能力

运用语言的能力是对事物进行准确的、客观的、规范的描述能力。

▶▶ **13.** 完成任务的能力

完成任务的能力是按照预定的目标,不畏艰难险阻,达到目标获取成果的能力。就创新思维能力来看,它是一种综合性的能力,把创新能力作为一个能力系统来看,它是由众多子系统构成的。

创新能力具有综合性,是创新者应具备的各类能力的综合。但是,就以上诸项能力来看,不可能均衡发展,其中有的强些,有的弱些,正因为如此,才形成了特点各异,在不同领域的杰出的创新者。

(四)创新能力是一种具有乘数效应的能力

大量的实践证明开发和提升人的创新能力是可以创造出比传统经济时代超出多倍的效益。知识经济学家龚建华指出:"在知识经济时代,进行管理或进行经营分析的时候,1+1不一定等于2,其反应结果可能是0,−10,−100,−1 000…−10 000,或是10,100,1 000,10 000,甚至更大。产生的是除或乘的效应。这是由于其投入的成本包括了一种特殊的成本因素,这就是创新或说是智慧。技术上的革新固然重要,但其获利不会增加很多,但在产品品种、市场拓展等方面的创新,则可以获得高附加值的回报。知识经济的动力就来源于此,那种传统的成本+利税=价格的理论已站不住脚了。与传统经济的理论不同之处在于,新理论的经营成本包括了创新和智能成果的成本,它与技术和管理成本不一样,它是技术和管理的发展和创新,是所有投入中最有价值和附加值最高的部分。"

香港船王包玉刚先生在谈他的成功之道时,说:"仅靠经营船运是赚不了大钱的,因为当今世界船运业竞争激烈,利润十分少。我是靠灵活的脑子,想出很多新点子,如用经营所得的利润或银行所贷的款来买船,用船抵押贷款,再将船出租还贷,用出租的租金还贷或抵押贷款购船,而且收购有发展潜力的项目,如中国香港九龙等。"从这个一般的经营者发展到世界级的船王的案例来看,使我们得出这样一个结论:在知识经济时期,不是仅靠有资金就能获得成功,更重要的是要靠创新意识和智能。这一点就是知识经济社会经商的成功秘诀所在。

第四节　创新人才的培养

21世纪必将充满各种竞争,无论是经济竞争、科技竞争,还是政治竞争、军事竞争,其实都是综合国力的竞争。这些竞争归根结底又是人才的竞争,尤其是创造性人才的竞争。因此我国要培养大批的创造性人才,这也是关系到社会主义建设事业兴旺发达的大事。培养和造就自身成为创造性人才,首先必须超越创造力开发的各种心理障碍,继而通过培育创新精神,培养创新素质来完成。

一、知识经济人才的特征

在知识经济时代人才优化的过程,就是不断创新。知识经济人才都具备着创新时代人、电子空间人、知识国际人、复合智能人和网络系统人五种特征。

(一)创新时代人

21世纪是一个伟大的创新时代,每个人都处于这一时代的大潮中,所以创新经济人才首先是具有创新时代人的特征。管理行为的目标之一是将自己锻炼成为可以进行创新和开拓的智能人,即创新时代人。

(二)电子空间人

21世纪,电子技术和网络将全球所有的人连接在一起,每个人都生活在一个巨大的电子空间之中,每个管理者都生活在信息高度发达的国际社会里,具有电子空间人的特征,任何人不论从事什么活动,不管是营销活动,还是学习、管理等,都与电子技术息息相关。人才需要掌握各种专业知识和电子运用技术,才可以活跃于国际舞台上。学习行为目标之一是锻炼自己可以自如地通过运用先进的通讯和智能设备,如国际互联网络、智能型终端等设备,穿梭于"地球村"的各个角落。

(三)知识国际人

21世纪,是知识和智能主导社会的时代,知识结构已进入多维化、边缘化、综合化和交叉化的阶段,知识资源共享化是知识经济时代的特征之一。知识国际人素质是每个管理者应具有的素质,这需要掌握一定的知识理论和应用技术,其中社会科学、自然科学、思维科学、数学及智能技术、耗散结构学、突变论、协同论等跨学科综合知识和专业知识,使自己成为具有超越国界的全球观念和超前的创造思维及超常规的意识及多元知识技能的人。

(四)复合智能人

21 世纪的特点是要善于综合,把有益的知识和有效的经验有机地联系在一起,精心组织综合就能获得突破,实现创新。21 世纪,社会人才结构将进行重组,需要的人才是国际型、综合型、复合型和高能型的知识人才。面对综合的世界,每个现代人必须树立综合观念,掌握综合知识,发挥综合人才的优势,进行综合开发。运用综合能力去综合集体的优势,在创造性的综合中实现综合性创造。智能是指人在学习、工作中解决实际问题,对自己所属文化提供有价值的创造和服务的智慧与能力。人的智慧存着一个不断开发、不断充实、不断提高、不断完善的动态发展过程。

(五)网络系统人

知识经济时代是数字化学习时代。自 20 世纪 80 年代以来,信息产业的兴起和信息处理价格的降低及信息和计算机技术的"数字趋同",国际网络化加快进程,所有这一切已使知识的创造、存储、学习和使用方式发生了巨大的革命。网络化消除了人们之间的隔阂,使世界联系成了一个巨大的网络系统,而每个管理者都将成为网络系统世界的一分子。因此,管理目标之一就要将自己锻炼成为网络系统人。

二、培养创新人才的途径

(一)培育创新精神

创新精神不是与生俱来的,而是通过后天的培养逐步塑造的,创新精神是创造发明的前提。没有创造的愿望和动机,绝不可能做出创造行为。一般来说,创新精神通过动机、信念、质疑、勇敢、意志和情感表现出来。所以,培育创造精神就是培育顽强的创造动机,培育坚定不移的成功信念,培育顽强的创造意志及培育健康的创造情感。

▶▶ 1. 培育顽强的创造动机

培养和激发创造动机,最根本的是要有强烈的事业心和社会责任感,这是激发创造动机产生的思想基础。优秀的发明家总是把献身发明创造活动、造福人类作为自己的崇高理想。著名化学家诺贝尔曾豪迈地说:"我是世界的公民,应为人类而生。"诺贝尔也终身实践着自己的诺言。他一生中对人类最大的贡献是发明了硝化甘油炸药。在试制炸药的过程中,多次发生爆炸,甚至有一次严重爆炸,工厂被炸毁,诺贝尔的弟弟和4名工作人员不幸遇难。尽管诺贝尔也多次被炸得浑身是血,但他从不灰心,从不退缩,勇敢地面对死神。因为诺贝尔心里十分清楚,炸药一旦用于生产,将给人类创造极大财富。今天,我们只有树立为祖国繁荣昌盛而努力奋斗的崇高理想,才能献身现代化建设大业,把自己的生命融于这一事业中,从而产生创造的强大动力。

▶▶ 2. 培育坚定不移的成功信念

培育坚定不移的成功信念就是要培养自信心,坚强的自信心是取得成功的基本前提。凡是成功的人,都具有很强的自信心。巴尔扎克说过:"我唯一能信赖的,是我狮子般的勇气和不可战胜的从事劳动的精力。"正是这种自信,支撑他写出了《人间喜剧》这一传世巨著。

▶▶ 3. 培育顽强的创造意志

意志不是先天的。意志是在实践中、在奋斗中逐渐被培养和锻炼出来的。创造活动困难重重,本身就是一个很好的锻炼环境和机会。意志品质的培养可从以下几方面进行:一是树立远大的奋斗目标,激发达到远大目标的强烈愿望和必胜信念;二是在创造实践活动中获得意志品质的锻炼和体验;三是针对自己意志品质的特点,有目的地加强自我锻炼;四是依靠纪律的约束力加强自律,以规范自己的行为;五是多参加磨炼意志的体育活动,在锻炼身体的同时培养自己的意志品质。

▶▶ 4. 培育健康的创造情感

因为情绪是情感的外部表现,情感是情绪的本质内容,因此培育情感就是掌握控制情绪的心理方法。控制情绪的心理方法主要有:一是意识调节法。人们以自己的意志力量来控制情绪的变化,用社会规范和理性标准来约束自己的情绪,使自己成为能驾驭情感的人。二是语言调节法。语言是体验和表现情绪强有力的工具,通过语言可引起或抑制情绪反应。即使是不出声的内部语言,也能调节自己的情绪。例如,挂在墙上的条幅,摆在案头、床边的警句、对控制紧张情绪大有益处。三是注意转移法。注意转移就是把自己消极的情绪转移到有意义的方面。如在烦恼时,欣赏一些能唤起内心正向力量时的音乐,就能收到良好的效果。创新精神的内容同时体现一种创造人格,而创造人格决定人的生存品位。我们平时应保持愉快的心境和积极的情绪,遇到失意之事要保持豁达的态度,自我解脱困境,要有幽默感,从而调节好自己的情绪。

▶▶ 5.培育质疑精神

疑问、矛盾和问题常常是开启思维的钥匙。创新学鼓励人们敢于疑别人之不疑,善于想别人所未想。实践表明,不敢提出问题、不善于提出问题和缺乏怀疑精神的人,是决不会取得创新成果的,质疑精神可从以下几方面进行培养:一是要勤思考。俗话说"勤思则疑"。尤其是在遇到问题时,要善于自觉地进行独立思考,多问几个"为什么",要有寻根究底的习惯。二是理智地控制自我,在未发现自己错误前,尽量做到坚持已见而不随波逐流。三是在争论问题时,尽力避免从众心理,不要屈从于群体压力。四是要有坚强的自信心,敢于提出问题。五是不要满足于现状,要保持追求创造的"饥饿感",这样就一定能提出大量的问题。六是要有"吹毛求疵"的精神。因为,在人们熟视无睹的地方往往会找到问题的症结,从而做出创造发明。

▶▶ 6.培育勇敢精神

勇敢被誉为创新者的第一素质。进行创造活动,就是要去做别人没想过、没做过或没做成功的事,因此没有勇敢精神是不行的。创新是有风险的探索活动,而创新的最危险敌人就是胆怯。在创造过程中,胆怯往往会磨灭想象力和独创精神,胆怯常常会使一个正在叩击真理大门的人失去发现真理的机会。

(二)培养创新素质

创新素质包括智力素质因素和非智力素质因素。智力素质因素包括吸收能力、记忆能力、想象能力、观察能力和实际动手能力。而与创造开发最为密切的非智力素质因素有自信、质疑、勇敢、勤奋、热情、好奇心、兴趣、情感和动机等。培养创造性人才,就是要提高他们的智力素质因素和非智力素质因素,非智力因素的培养,即创造精神的培育。在这里,再简单介绍一下智力素质因素的培养。

>> 1.吸收能力

吸收能力包括学习能力和信息收集能力。

(1)创造性自学能力

现代科技发展极为迅速,人类知识总量急剧增加。据联合国教科文组织的统计,现在几年的人类知识总量超过以往所有知识的总和,知识老化周期则缩短为5～10年。这使人们深刻地认识到,未来的文盲不是识字不多的人,而是没有自学能力的人。没有较强的自学能力,在从事创造活动过程中,就会感到知识陈旧,方法过时,技术落伍,手段单一,就不能胜任时代赋予的重托。古今中外无数发明创造的成功事例都告诉我们,自学能力是创新者披坚执锐的有力武器。因此,培养创新素质首先必须强化自学能力,特别是创造性的自学能力。这种能力可使创新者不断获得新知识,增强自身的创新素质。培养创新性自学能力可从以下方面入手。

第一,顽强与勤奋。古人云:"书山有路勤为径,学海无涯苦作舟。"我国古代就流传着"头悬梁、锥刺股"的故事,古人为追求功名刻苦读书。同样当代也有许多有志者,他们克服重重困难,通过刻苦努力地学习,最终获得成功,我国数学家华罗庚就是其中的一位。华罗庚小时候天资并不好,有点"笨头笨脑",功课勉强及格,后来患伤寒病左脚残疾。然而,"顽强与勤奋"终于使他成为举世闻名的大数学家。因此,华罗庚将自身的成才之道总结为"勤能补拙是良训,一分辛劳,一分才"。

第二,勤学好问,多思善疑。在"学"和"思"之间,"学"是基础,只有在勤学的基础上好问,才能学有心得,学得深入。学、问、思、疑是学到知识、练好本领、有所创新的重要环节,而多思善疑是其核心。古人云:"学而不思则罔,思而不学则殆。"疑点、问题常常是学习中的难点和重点,在关键处抓住这些问题,深入思考,则会使学习不断深入。多思善疑就是要不断思索,一问到底,举一反三,学以致用。

第三,科学的读书方法。读书要掌握科学的方法。首先要掌握泛读又称博览与精读交叉的方法。古今中外善读书者,都善于将泛读与精读巧妙结合。泛读就是用较少的时候,浏览大量的书刊,用以扩大知识面,开阔眼界,更快地掌握新科学、新知识、新动向。精读就是对自己正从事研究的有关资料,专心致志地深入研读。

（2）信息收集能力

创造离不开信息,处处都有创造的基本素材。作为一个创新者,对信息、情报需要有十分敏锐的感知能力,有收集、整理和分析信息的能力。现代几乎所有做出发明创造的人,大都是具有情报获取优势的人。精通情报、信息的收集和运用方法,对提高创造效率具有极大帮助。必须通过信息窗口,了解社会上已取得的创造成果和继续创造的动向。

▶▶ **2. 记忆能力**

记忆力是人脑对所经历事物的反应能力。记忆是智能的仓库、学习的基础。

凭借记忆力,人们才能不断贮存和提取知识,发挥才智,使人聪明起来。记忆力是创造性人才工作、学习和创造所不可缺少的基本条件,是人脑贮存和调用过去经验知识的能力。据粗略统计,人的大脑可储存高达几百万亿比特的信息,相当于 5 亿本书所包含的信息总量。正是由于人脑的记忆潜力非常强大而又神秘,因此人们必须尽可能地开发和利用它们,掌握先进的记忆理论,运用科学的记忆方法,为创造服务。

（1）记忆品质

良好的记忆力具有 6 项特性:①敏捷性。即记得快,能在较短的时间内记住尽可能多的东西。②正确性。即记得准,能把该记忆的东西准确无误地保存到头脑中。③持久性,即记得牢,能把头脑中已经记住的东西长期稳定地保持住。④灵活性。即记得活,需要时能把记住的东西,灵活、准确地从头脑中提取出来加以运用。⑤系统性。按照事物的严格体系有意识地去记忆并命名并且有条不紊。⑥广阔性。就是在博学的基础上去记忆多方面的事物。

（2）提高记忆力的诀窍

①有明确的记忆目标。学习时记忆目标明确,大脑细胞就会处于高度活跃状态,大脑的记忆痕迹就清晰,就容易记忆。②注意力高度集中。学习时注意力高度集中,输入的信息在大脑就会形成特别强烈的兴奋点,接受事物的印象就会深刻。③坚定记住的信念。越是相信自己能记住,就越容易记住。④在理解的基础上记忆。记忆活动与思维活动是密不可分的。在记忆过程中,多思、多想,就会增进记忆。⑤及时进行复习。不少心理学实验都证明,复习对提高记忆力十分必要。根据心理学研究,人的记忆遗忘率一般为 20 分钟内 47%,2 天以后 66%,6 天以后 75%,1 个月后 80% 以上。及时复习,可使遗忘率的增长变缓。心理学的另一项实验表明,人要想记住一件事,必须经过 8 次反复记忆才行。⑥讲究记忆

卫生。就是说只有在劳逸结合、身心放松的情况下,大脑才能保持良好的记忆能力。记忆有最佳时区,此刻的记忆效果最佳。

（3）科学的记忆方法

科学的记忆方法,能使记忆效果事半功倍。不仅能提高记忆效率,而且有助于改善大脑的功能,挖掘大脑的工作潜能。创造性人才不但应掌握行之有效的记忆方法,而且应根据自身特点,形成独具特色的记忆习惯。常见的几种记忆方法有:①系统记忆法。它把复杂的、有着内在联系的事物,经过归纳整理,找出规律,使之系统化,条理化,便于记忆。②重点记忆法。抓住事物本质的、最关键的部分,起到"纲举目张"的效果。③形象记忆法。把要记忆的事物,特别是那些抽象、难记的事物形象化,用直观形象去记忆。而且,这种形象越离奇、越新鲜越好。④联想记忆法。记忆与联想有着密切关系。客观存在的事物是处在复杂的关系和联系之中的。人们在回忆某个客观事物时,总是不自觉地按照他们彼此的关系和联系去记忆、保持和重现的。采用联想记忆法进行记忆,通常的做法是将需要记忆的事物与原先已记忆在脑中的一些事物之间建立起联想,并把新旧记忆之间的相同、相近、相似或相关之处有机地串联起来,一环紧扣一环,使之条理化,这样十分便于记忆。⑤归类记忆法。就是按照事物的同一特点或属性,把它们分类,使分散趋于集中,零碎的构成系统,杂乱的形成条理。这样更容易强化在大脑皮层中形成的条件反射,使之牢固地保持在记忆中。⑥回忆记忆法。利用睡前或空闲时间进行回忆和复述。⑦练习记忆法。通过把知识运用到实际工作中去来记忆。⑧趣味记忆法。把要记忆的事物编成口诀、故事、顺口溜,以提高自己的兴趣,强化记忆效果。

（4）记忆的规律

掌握记忆的规律,对增进记忆十分有益。这些规律主要有:①记忆的根本——背诵;②记忆的益友——争论;③记忆的基础——理解;④记忆的窍门——重复;⑤记忆的媒介——趣味;⑥记忆的捷径——联想;⑦记忆的动力——应用;⑧记忆的助手——简化;⑨记忆的仓库——卡片。

▶▶ 3. 想象力

想象力即人的形象思维能力,是在记忆的基础上,通过思维活动把对客观事物的描述构成形象,或独立构思出新形象的能力。想象力的培养可通过以下几种途径。

（1）积累丰富的知识和经验

丰富的知识和经验是想象力的基础。通过想象,把过去的知识和经验加以加工、改造和构思,形成新的印象。人们的知识和经验越丰富,想象力越强,就越能发挥想象力的作用,创造成功的可能性也就越大。

(2)强化好奇心

好奇心是一种对自己尚不了解的事物、能够自觉地集中注意力,想把它弄清楚的心理倾向。好奇心可以使人产生兴趣,促进创造,但好奇心容易激发,却难以保持。要强化自己的好奇心,重要的是要善于向深处发展,不断提出新问题、新疑问,不断激发新的好奇。

(3)培养创造激情

人的情绪对想象的丰富性、强烈性和倾向性都有影响。列宁指出:"没有人的情感,就从来没有、也不可能有人对真理的追求。"

▶▶▶ **4.** 观察能力

观察是一种有目的、有组织的知觉,是全面、正确、深入地认识事物特点的能力。观察是创造的源泉,创造性人才的培养必须增进其观察能力。培养观察能力的主要途径是养成良好的观察习惯和掌握一定的观察方法。

(1)养成良好的观察习惯

所谓良好的观察习惯,是指乐于观察、勤于观察和精于观察。乐于观察是指对周围的事物有强烈的兴趣;勤于观察和精于观察是指坚持进行长期的、系统的观察,在观察过程中,要注意事物的细枝末节,注意留心偶然发生的意外现象,从中寻找出有价值的、富有启发性的线索。

(2)掌握一定的观察方法

①整体观察。整体观察是指对一件新事物,通过归纳和判断,了解事物的主要属性和特征,形成最基本概念的观察过程。观察前,可选择一个常见的事物作为观察对象的参照物,观察时注意观察对象与参照物之间的区别。

②重点观察。重点观察是指对某一事物的具体特征做进一步观察,以获得更深刻、更全面的认识过程。在观察前,应确定好观察顺序,按一定的顺序进行观察。也可以将观察对象,分割成若干局部的事物,然后逐个按局部进行观察。

总之,观察能力的培养不是一个独立的过程,它与思维和知识,尤其是与经验的积累密切相关。知识渊博、经验丰富、思维敏捷,才能"目光敏锐""独具慧眼"。因此,观察能力的培养必须不断积累经验,丰富知识。

▶▶▶ **5.** 分析能力

分析能力是通过思维认识事物的各种特性,特别是认识事物本质的能力。创新活动的根本在于寻求解决问题的新方法及创造发明新事物。就创新活动的整个过程来看,应包括觉察需要、找出关键问题、提出最佳方案及最终实现创造。提高分析能力的主要途径是经常、主动地积极分析各种事物,即通过实践来加以提高。此外,经常参加一些解决问题的分析研讨会、在会上倾听别人对问题的分析及别人对自己分析的评价。平时,多看一些分析文章和材料,从中吸取别人的分析方法,也都是一些有效的途径。

▶▶ **6.** 实际动手能力

创新者在产生某个设想后还需完成这个设想,即把设想变为现实。因为一个完整的创新应有制成的样品,并经过实验验证已达到预期目标,随时可以投入市场或使用。在创新者把设想变为现实的过程中,需要创新者具有一定的实际动手能力,如绘制加工图、制作样品模型及进行相关的实验等。因此,实际动手能力是创造性人才所应具备的基本技能之一。

第二章　高校大学生创新能力的开发

第一节　自我创新能力的开发

社会创新文化、创新环境、创新机制十分重要,但作为社会中的成员,更重要的是提高独立自主开发的意识,把个人的创新潜能转化为创新能力。

一、自我开发创新能力的两个方面

(一)自我表象

自我表象,又称心理表象,这个概念的确认和运用,是 20 世纪心理学对人类做出的最杰出的贡献之一。自我表象就是指一个人采取关于自身的信念系统和它所产生的对等的思维形象。全部的思维,都产生于自我概念,而反过来又形成所谓的自我心理表象。

人人都有提升自我表象的能力,这种能力来自人的本性,但是由于很多人没有认识到这一点,他的创新能力就不可能发挥出来。

教育学家普雷斯哥特·莱克是第一个认为自我表象的增长是一种提高个人表现手段的人。他认为有的人之所以平庸,是因为他们有一个导致失败的自我表象,而不是因为他们缺乏能力。莱克进一步解释,自我表象是"大脑细胞的核心,是个人的自我思想和自我概念,如果一个新的想法与系统中已经存在的想法一致,而且与个人的自我概念一致,它就会很容易被接纳和吸收。如果它看起来不一致,它就会遇到抵制,并可能被拒绝"。

自我表象的另一面是对"理想自我"的思考。我们希望成为什么样的人,具有什么样的品质和能力,它通常是我们成长过程中知道的某个人,即我们最崇拜的人的组合。

大脑中自我的位置和形象是开发自己潜能的决定性因素,我们每一个人实际上都比自己想象的要伟大得多。优质的自我表象(或者叫自我心像)不管创新者的出身、现状如何都会引爆出巨大的能量。反之,劣质的自我表象,创新者的条件再好,学历再高也不会有什么作为。

（二）自我精进

自我精进是管理者进行创新的一个基本素质。根据心理学的研究发现，当一个人面对问题时，若无法有效地理清问题产生的原因，或是对解决问题束手无策时，内心就会产生压力，因此管理者必须具备保持冷静思考的能力，让自己的心境可以得到舒缓并保持平静，才能避免让自己陷入窘境。

二、创新能力的自我开发步骤

（一）克服思维定式

思维定式是随着人的知识、经验的积累，形成的固定的思考问题、解决问题的方式。思维定式对解决一般问题、老问题是有效的，但对新的问题而言，往往就成了障碍。突破思维定式的主要途径与方法有以下几点。

1. 要有创新意识

创新意识表现为决不满足于现有的东西，哪怕它在目前看来还很完美，而应该对现有的东西不断加以改进，探索创造出更新的东西。与那种小胜则喜、故步自封、保守自大的观念决然相反，创新意识是一种强烈进取的意识，积极主动寻求变革，对新事物、新技术、新理论怀有浓厚的兴趣和敏锐的嗅觉，善于吸取并接受最新的技术和方法。

2. 大胆质疑

巴尔扎克有这样一句名言："打开一切科学的钥匙都毫无疑问地是个问号，我们大部分的发现，都应归功于'如何'。而生活的智能大概就在于逢事都不得不问个为什么。"独立自主的思维，而不是心怀依赖，依赖心理只有靠独立自主的思维去根除。

3. 立体思维

人类生活在宇宙中的一个星球——地球上，所以正常的思维应有宇宙观、环球观、宏观、中观、微观、渺观。无论大和小，它存在的方式是立体的，而不是以点、线、面这种形式存在的。具有本应属于我们的立体思维，可以充分发挥我们的空间想象力。

▶▶ 4. 暂时抛开书本

贝尔实验室的经验是在进行新课题研究时,可以采用故意不去查看资料,先由自己设法探索实验,以避开现成结论造成的思维局限。

▶▶ 5. 建立自己的原则

以解决问题为目的,不要拘泥于任何条条框框,建立自己的处事原则就可化难为易。

▶▶ 6. 多角度思考

同一事物从不同角度去观察思考就会有不同的认识,或能发现问题,或能启发思路。

▶▶ 7. 模棱两可思考法

在创新活动中,答案的模糊性、非唯一性可以给思维留下更多回旋余地与可能性。

▶▶ 8. 求异思维

有意识进行非常规思维的思考,如从逆向、侧向进行与众不同的思考。
以上8个方面有助于我们破除思维定式,使自己的思维具有创新性。

(二)贯穿创新精神

创新精神就是一种强烈进取的思维,人生定律就是不进则退,这表现在以下几方面。

▶▶ 1. 首创精神

首创是创新的重要本质特征。首创就是要有敢为天下先的理念,有这样的精神就有了创新之魂,否则再好的方法也是无济于事。

▶▶ 2. 进取精神

强烈的、永不休止的进取精神就是勇于接受严峻的挑战。成功最大的动力是要有野心。野心,反映了他对准目标采取进攻的态势、不达目的誓不罢休的心态。

进取精神通常包含四种意识:强烈的革新意识、强烈的成就意识、强烈的开拓意识、强烈的竞争意识。

▶▶ 3. 探索精神

人们的探索欲望,常常表现出强烈的好奇心,表现为对真理执着的追求。为此,也会产生强烈的求知欲。而强烈的求知欲,就要靠顽强的毅力、拼搏精神才能得到满足。

▶▶ 4. 顽强精神

没有百折不挠的毅力、不怕困难、不怕失败、不畏风险和抵抗压力的精神就不可能获取创新的成果。马克思说:"在科学上没有平坦的大道,只有不畏劳苦沿着陡峭山路攀登的人,才有希望到达光辉的顶点。"

▶▶ 5. 献身精神

爱因斯坦说:"每个人都有一定的理想,这种理想决定着他努力和判断的方向。"杰出的成功者不是天生的,他们是后天成就的。关键的因素是心理表象和核心信念。观察所有杰出的成功者,无一例外都拥有崇高的理想和献身精神。我们任何人都拥有与杰出成功者一样的潜能、一样的时间和一样的机会,问题在于心理表象的不同,即在开发潜能、利用时间、对待机会等一系列问题上均表现出了不同心态。

▶▶ 6. 求是精神

实事求是就是科学精神。陈云同志说过:"我们提倡的创造精神,既不同于墨守成规,又不同于乱撞乱碰。人们越是能够实事求是,思想行动越是合乎实际情况和客观规律,他们就越能够发挥创造精神。有了实事求是精神,就可排除一切干扰,向着既定的目标,奋然而行。"

(三)培养自我的创新品格

培养自我的创新品格,可以从以下几方面着眼、着手。

▶▶ 1. 自信心的培养

(1)利用心理暗示,提升心理素质

利用心理暗示,提升心理素质有一个比较简单的方法就是经常默念简洁的、明确的、正面的、充满自信的口号。法国心理学家艾米尔·古埃是自动暗示领域的开拓者,在很多年前,他写下了这样的话:"每天,在我生活的每一个方面我都越来越好。"你每天都大声地重复这句话一百次。每天都带着强烈的信念和愿望为自己鼓劲和加油,每天都这样做的人必定会成为某个领域里的专家。心理学认为,没有任何一个简单的口号可以在一夜之间改变人的人格,不能指望一次就改变所有的东西,但问题的关键是有多少人天天坚持这样的自我暗示。

(2)改变自己、分析自己

改变自己是最难的事,创新者改变自己就改变了创新者外部的世界。改变自己当然要靠自己。一是看创新者读什么书,读成功人物的传记和成功自励的书可以帮助人们找到信心、勇气和力量。许多成功人士也有信心不足、迷茫、挫败、失望甚至绝望的经历。如《钢铁是怎样炼成的》的作者奥斯特洛夫斯基曾一度想开枪自杀结束自己的生命。当他克服了因失明、肢体残缺的障碍时,在他大脑里充满了光明的世界,为了激励自己和青年,他奋笔疾书,写下了不朽的名著;二是看创新者接触什么人,接触成功人士,拜成功人士为师就会使自己获得自信,更加相信自己。

(3)树立必胜的信念

创新者的核心信念是指杰出的创新者所持有的信念。如果创新者拥有了这些信念并把它作为创新者生活中思考的内容,创新者就会有积极的、健康的思维方式。核心信念将促进创新者具有优质的自我信念,这是创新者必须具有的自我信念。

▶▶ 2. 树立民族责任感和强烈的事业心

鲁迅最初是研究地质的,后来出于对病人的同情和拯救中华民族的志向,他立志学医并留学日本。当他看到中国人被日本军人砍头,旁边还有一群围观看热闹的人。强烈的民族责任感使他感到拯救中国的关键是要"唤起民众",于是便毅然弃医从文,很快对文学产生了浓厚兴趣,成为世界闻名的大文豪。著名植物学家蔡希陶原先对动物十分喜爱,当他被安排进行植物学研究时,只是勉强应允而已。后来他在实际工作中,特别是看到英、法、德、美等国家多次派专家到云南采集植物标本后,他的民族责任感促使他对植物研究产生了浓厚的兴趣,最后终于在植物学研究上取得了显著的成就。在实际生活中我们大家都可以找到自己的兴趣爱好,每一个人的兴趣爱好都不一样,所以你要自己发掘你自己喜欢什么,想干什么,把这种思想加深,成功的那一天也就离你不远了。

▶▶ 3. 强化培养兴趣的主观意识

每门学科、每项技术都有其特有的魅力,都值得品味,体验到其中的乐趣和内在的美,就会培养出浓厚的兴趣。人对越感兴趣的东西,就越觉得有吸引力,自然就会对接触的事物产生兴趣,形成创新的思想基础。

▶▶ 4. 经常保持好奇心

好奇心是创新能力开发的一个重要因素。好奇心可以使人产生兴趣并驱动创新和创造。但是在一般情况下,人们的好奇心容易被激发,却难以保持。所以培养兴趣的一个重要的方面是经常保持已有的好奇心。追求创新有三个层次,第一层次,掌握知识;第二层次,发展能力;第三层次,形成良好的人格品质。好奇心对形成良好人格品质具有极为重要的作用。培养好奇心的方法主要包括以下几种。

(1)选择适宜的环境刺激。人类周围的环境刺激是丰富多彩的。在学习中选择适宜的环境刺激主要是学习观念转变的问题。问题是好奇的"心",只要可以激发好奇心,选择适宜的环境刺激的空间是巨大的;(2)要学会自己寻找答案。对周围事物和现象感到新奇,要有意识地启发他们积极思考,寻找答案。积极参加各种可以引起好奇心的探索活动;(3)可以充分运用各种感官,自己观察,自己动手操作,体验自我成就感;(4)培养好问的习惯。有了好奇,就会提出新问题,或者从新的角度去思考老问题,往往能得到新的发现与突破。"问题"产生于"好奇"与"质疑",要形成一个真正具有科学价值的问题,则还需要多种条件和多方面的努力;(5)培养好奇心的新理念,不仅要"释疑、解惑",而且要启思、设疑,引而不发。"释疑、解惑"并非是将疑惑全部"冰释",在明了旧疑的基础上,要思考新的、更深层次的问题,有时甚至要"设疑",还要决不掩饰自己在某些问题上的失察甚至无知。创新人才的产生,需要十分自由、宽松地探究问题的环境,不能让问题(思考)止于自己。

创新、创造和发明具有无限的魅力。有志于开发自己创新能力的人及早地进入新境界,让创新完善和充实自己的人生才是无愧无悔的人生。克鲁特金说:"一个人只要一生中体验过一次科学创造的欢乐,就会终生难忘。"创新可以使创新者拥有快乐的人生、通过开发创新的活动,创新者会具有创新思维,并逐步提升自己的创新能力,当创新者获得了发明和创造成果的时候,创新者的价值观、人生观、世界观就会发生根本性的变革。

(四)意志品质的培养

意志是人们在社会实践中坚持不懈,长期保持的一毅力,是创新者最可贵的品质,是创新者勇往直前、顽强克服困难、险阻的心理品格。英国作家狄更斯指出:"顽强的毅力可以征服世界上任何一座高峰。"意志是创新者不可缺少的心理素质。创新者要培养意志品质,可以从以下几方面着眼、着手。

(1)树立远大有为的奋斗目标;(2)在创新活动实践中获得意志品质的锻炼和体验;(3)针对自己意志品质的特点,有目的地加强自我锻炼;(4)依靠纪律的约束力来加强自律,以规范自己的行为;(5)多参加有助于磨炼意志的体育活动,如长跑、攀岩、登山、游泳等,在锻炼身体的同时,培养自己的意志品质。

(五)质疑精神的培养

创新的智慧源于问题的提出,也就是质疑,提出"为什么"。正是"为什么",才能激发创新欲望,想象出一种较有创新性的行为,培育出创新能力。杰出的创新成功者,敢于疑人所不疑,善于想人所未想,干别人所不干的事。成功的经验表明,通过质疑,才会培养具有独立思维的品格。质疑精神的自我培养可以从以下几个方面进行着眼、着手。

(1)可以与信心的培养相结合。有了自信,有一个良好的心情,才会独立思考,质疑精神就会自然产生。不自信就会盲目顺从、迷信权威、甘于平庸;(2)保持注意力。注意力是人智力的有机组成部分,心理学研究表明,有意记忆的效果比无意记忆的效果好,保持注意力的高度集中是有效分析问题、解决问题的必要条件;(3)遇到问题,坚持从多方面、多角度设问;(4)理智地控制自我,在未发现自己错误之前,要坚持己见而不随波逐流。

三、培养创新能力的途径

能力是靠教育、培养、训练、磨炼和激励出来的,创新能力就更是如此。根据以往的摸索、实践和总结,可以用四个字予以概括,即"学、练、干、恒"。

(一)学

学习创新的基本知识,提高自我表象,增强责任感,强化创新动机。

天才、伟人、科学家、发明家、革新家之所以获得成就,是因为他们都有独特的思维方式,与常人的差别仅仅在于一个是创新的思维,一个是复制性和常规性的思维。创新的思维是完全可以学习到的。开展思维的训练,学会在工作、学习和生活中运用创新的思维方式,把创新的思维方式转化为自己的思维方式。

从某种意义讲,社会的发展,取决于方法的进步,而个体与群体的创新技法是创新思维转化的工具。在什么情况下,面对什么样的问题,选用什么样的创新法会决定创新活动的速度和获取创新成果的频率。

(二)练

学了就练,学练结合。要成为一个具有创新能力的人,日常的训练是十分必要的。头脑通过不断的运作,才会更加灵活并富有弹性。

练什么? 练习想象力,练习思维的扩散能力、联想能力和变通能力,练习创新的构想,要做到"量"中求"质",先是"量"后是"质"。因为具有创新性的构想往往是从众多的构想中产生的。

(三)干

"干"就是实践,就是用创新的思维、创新的技法,通过创新活动,创造性地解决各类问题。

用创新思维去观察事物就会发现大量的问题有待解决。如日本一家柴油机厂开展"一日一构想"活动,把企业的生存和发展寄托在员工的创新活动上,要求每个员工每年提出可采纳的构想 100 条,结果员工每年每人平均提出 300 条以上。企业靠员工的"一日一构想"活动,每年的经济效益递增 20% 以上,企业不断兴旺发达。

(四)恒

"恒"就是经常化、制度化。把开展创新活动、迅速提升人的创新能力作为一项长期的战略任务来抓。无论对于企业界还是教育界,生存和发展才是硬道理。如何发展? 唯有创新,不创新就死亡,也是硬道理。

第二节　预测决策能力的开发

预测决策能力,是现代管理者要进行创新所必备能力中的核心。

一、预测能力

预测能力是指对未来做出估计的能力。预测是创新决策的前提,要做出正确的创新决策,必须有科学的预测。预测技术是指对事物的发展方向、进程和可能导致的结果进行推断或测算的技术。预测技术是在调查研究事物历史和现状的基础上,通过各种主观和客观的途径及其相应的方法,预测事物的未来,并为最优决策提供科学依据。

超前和预见意识的本质就是创新。谁的超前意识强,科学的预见能力强,谁的创新性就强,就能在社会的激烈竞争中争取主动,获得成功。

(一)预测方法

预测方法分为定性方法和定量方法两类。①定性预测大都侧重于质变方面,回答事件发生的可能性。定量预测侧重于量变方面,回答事件发展的可能程度,主观预测大多属于定性预测。在实际应用中,一般多采用定性和定量相结合的方法。定性预测方法主要有专家调查法(特尔斐法)、想定情景法、主观概率法、相互影响分析法和对比法等。②定量预测的方法主要有对比法、趋势法、因素相关分析法(如回归法、弹性系数法)、机理模型法和平滑法等。

(二)预测实施步骤

①明确预测任务或目标;②确定预测的时间界限;③掌握事物的发展规律和有关的数据、资料等信息,分析历史上发生的偶然事件,预估未来偶然事件发生的可能性;④选择适当的预测途径和方法;⑤建立相应的预测模型,如概念性的、结构性的或系统性的;⑥分析模型的内部因素及其相互关系;⑦分析模型外部因素及其想定情景;⑧进行预测;⑨对预测结果进行灵敏度分析;⑩对多种方案预测结果进行分析评价,最终为有关部门提供预测和分析结果。

二、决策能力

决策是指为最优化达到目标,对若干个准备行动的方案进行的选择。就创新决策的重要程度而言,可划分为战略决策和战术决策。管理者要进行创新实践,尤其需要具有做出战略决策的胆识、气魄和能力。这种决策正确与否,决定着创新工程成功与否,直接影响着管理效益。因此,战略决策是管理者进行创新实践的首要职责。

决策包含决策工作和决策行动两个阶段。决策工作是指从确定目标到拟定备选方案的整个过程,一般是由领导者委托咨询机构的专家们进行的、决策行动是指领导者根据咨询机构提出的方案进行选择,纯属领导者的任务。决策是领导者的基本职能,无论行政管理、科技管理,还是企业的经营管理活动,都贯穿着一系列的决策。科学地进行决策(简称科学决策)是保证社会、政治、经济、文化、科技、教育、卫生等各项工作顺利开展的重要条件,也是一个人创新水平的重要标志、决策能力的标志。

三、科学决策程序

科学决策程序一般可分为八个阶段:①发现问题;②确定目标;③价值标准(评价指标);④拟订方案;⑤分析评估;⑥方案选优;⑦试验验证;⑧普遍实施。科学决策程序中的各项工作并不是都需要管理者亲自去做,大部分工作可委托咨询机构的专家们去完成。管理者的职责是严格遵循科学决策程序和充分发挥专家们的作用,其中,发现问题,确定目标,价值标准和方案选优则是管理者必须亲自过问的。

四、开发创新决策能力的途径

(1)开拓创新,慎重果断。只有具有开拓创新的意识,有改革现状的迫切性,才能敏锐地发现和提出问题,面对复杂情况,拟订各种方案,深思熟虑,谨慎选择。但在创新关头,要"当机立断"。在实施中,要坚定不移,不要轻易放弃原先的创新理念。(2)谦虚博学、实事求是、知识渊博并巧于运用,使自己在创新时足智多谋。(3)善于深入实际,吸取群众的智慧,支持群众的首创精神,广泛征求各种意见,包括听取反面意见,集思广益,发挥创新决策组织的作用。一旦发现失误,应敢于否定原先的决策,具有一定应变能力。(4)按科学程序进行创新。这是科学决策的重要保证,一般要经过调查研究、确定决策目标、制定方案、方案选优、方案实施、信息反馈、休整调整等阶段,防止个人独断专行。(5)注意采用先进的科学决策方法。科学决策常常采用定量分析与定性分析相结合的方法。常用的科学决策方法包括调查研究、咨询技术、预测技术、环境分析、系统分析、决策分析、可行性分析、可靠性分析、灵敏度分析、风险分析、心理分析、效用理论等。决策者在选择最优方案时,情况非常复杂,最后选定的方案不一定每一个指标都是最优的,这就要求决策者运用自己的知识、经验和智慧,做出正确的决策。(6)追踪决策。若决策实施的结果表明原来决策将无法实现预定目标而需要对目标或决策方案进行重大修正时可采用追踪决策。追踪决策实质上是对原来的问题重新进行一次决策。追踪决策要改变原有决策,易使人们产生感情冲动,失去公正、客观的评价。

第三节　应变能力的开发

在现代化大生产和科学技术进步的条件下,决策的综合性、复杂性和动态性更加明显,这些特征决定了管理者担任的管理工作基本都是创新性的活动,必须有创新能力。例如,在经营管理方法,要不断树立新的经营意识和经营观念,引进新的生产方式,开拓新的市场,控制新的原料来源,改进新的组织与管理。

管理者要在管理实践中不断创新,积极进取,应该注意开发创新应变能力,其具体的开发方法如下。

一、培养敏锐的观察力

优秀的管理者富于理想,兴趣广泛,能深刻了解社会现象和管理现状,能敏锐地发现问题,并预见不解决这些问题会对管理和创新带来的影响和后果,能掌握管理对象心理和要求,激励自己去思考、探索和解决问题的方法和途径。

二、形成立体思维和辩证的能力

只有善于学习,知识丰富,思想流畅,才能开发潜在意识,培养丰富的想象力,才能在遇到问题时,善于举一反三,触类旁通,出点子,想办法,提出解决问题的最佳方案。

三、学会独立思考、巧于变通

对自己充满信心,在各种议论面前,能独立思考,决不盲从,并善于运用综合、移植、转化等创新技法,排忧解难。

四、要脚踏实地、敢作敢为

决不优柔寡断,思前虑后。面对复杂环境,能迅速提出意见,并把它变成计划,付诸行动。还要敢于负责,工作踏实,不达目的,决不罢休。中国人常讲一句话"计划不如变化快",好的执行力还需好的应变力来配合,即在工作中不断地修正,以保证计划得以实现。应变力的属性和水的属性相似,遇弯则弯,遇直则直。

五、随机应变,因势利导

随机应变的战略是必要的。组织内外形势和条件是变化的,要适应变化,就必须适时调整政策和战略,审时度势,随机应变。根据情况和形势的变化科学地调整策略方法。

随机应变要注意发现问题所在。创新的内涵是指反映于创新概念中对象的本质属性的总和。创新内涵包括对事物的全面认识、对旧事物进行批判、创造新事物和开拓新领域等。从其扩展意义上看,创新内涵则包括了创新意识、创新精神、创新机遇、创新工程和创新模式等。

第四节　处理信息能力的开发

信息,是现代管理的一种特殊的"无形资源",是管理活动不可缺少的要素,也是创新和发展的基础。处理信息能力是管理者进行创新活动的前提,如管理控制、协调关系的关键,同时也是进行创新决策的前提。一个管理者吸收、消化和处理信息的能力大小,将直接影响到创新工程的发展程度。开发管理者处理信息能力的途径包括以下几方面。

一、搜集信息

派谁搜集、搜集哪些信息和怎样搜集信息,必须有明确的安排。布置信息的收集工作,应有完整的计划,计划包括确定问题或目标、决定所需信息的种类,确定信息来源,选择搜集的手段和方式,明确信息方式与结论。

二、分析信息

分析信息的首要环节是分类,把繁杂的信息加以科学分类,也是应具备的能力。信息的分析过程,往往是管理者做出创新决策的酝酿与准备过程。

三、分配信息

信息经过分析和分类,必须及时、准确地分发给有关工作部门,否则就失去信息的效益,甚至造成失误。分配信息是处理信息能力的一个重要标志。

四、检查监督

工作中将信息分发给有关部门后,必须检查各部门对信息的消化、运用情况。

五、沟通

信息是决策的基础,而沟通则有利于信息流动和共享。沟通的主要因素包括信息发送者、信息传递渠道和信息接收者。

(一)沟通的作用

沟通是统一组织活动的手段。组织内部上、下级及成员之间的沟通是组织员工、联络成员以实现共同目标的必要手段。沟通是联结组织与外部环境的桥梁。

(二)沟通的方式

在现代组织系统中,信息的流动速度要比过去任何时候更迅速。要成为一个有效的管理者,他就需要以一定的信息做基础,去履行管理职能,开展管理活动。获取信息、传递信息的过程就是沟通,领导者在管理中,主要采用的沟通方式有以下几种。

》》1. 从信息流向的角度来分

向下的沟通:传统管理中,管理者主要从事一种向下的单向沟通,信息表现为指令,从高层组织层发出,逐级向下流动。

向上的沟通:员工向管理者请示、汇报工作。

平行沟通:同级员工之间工作上的互相交流与学习。

▶▶ 2.以信息传递的媒介来划分

书面沟通:它有提供记录、参考、重复阅读等优点。

口头沟通:它是由说和听构成的,既可传递信息,亦可联络情感。

非语言沟通:它是通过非语言符号来传递信息、交流思想情感的方式。非语言符号包括辅助语言、体态、表情、空间运用等。

(三)有效沟通的基本要求

要实现有效的沟通,首先要认清沟通中的各种障碍并予以排除,这是沟通的基础。

▶▶ 1.沟通过程中的障碍及其克服方法

沟通障碍主要来自5个方面,要排除障碍也必须从这5个方面着手努力。

(1)由信息发送者造成的障碍。由于发送者对信息传送的目的未经思索,对发送的内容未经计划、整理就发表意见,这就容易出现沟通障碍。(2)传递信息中的障碍。信息从一方传到另一方的过程中,由于损失、遗忘、误解等带来信息的失真。(3)由接收者造成的障碍。由于每个人的兴趣不同,心理准备相异,他们往往有选择地接收信息,即只接收自己喜欢听或喜欢看的信息,这就造成信息的大量遗失。(4)人际关系对信息沟通的影响。信息沟通是发送者和接收者之间的"给"与"受"的过程,这是个双向互动过程。(5)过量的信息造成的障碍。信息量过大来不及处理会导致有用的信息拥塞,丧失有效性。

▶▶ 2.沟通的要求

首先,沟通双方所使用的符号应当是彼此熟悉的,这是有效沟通的前提。其次,沟通过程中不可唱独角戏,应注意协商、交流,以获得支持。再次,传递对接收者有所帮助或有意义的信息。最后,通过沟通,实现相互理解。

第五节　控制协调能力的开发

一、开发控制能力

控制就是用组织要求对照员工的操行实际,据此做出相应的调控,以保证组织目标圆满实现的管理过程。关于这个定义我们可以从两个方面来理解:控制是主体向对象有目的地施加的主动影响;控制的实质是使对象状态符合组织要求。

(一)控制的要素

控制系统由以下 3 个要素组成。

▶▶1. 控制主体

由施行控制的管理人员组成。他们负责制订控制标准、决定控制目标、向受控者发出指令。控制主体在控制系统中处于主动地位,起主导和支配作用。

▶▶2. 控制客体

它是由人、财、物、时空、信息、组织等构成的,受控系统必须执行控制主体的指令,将一定的物质、能量和信息进行合理的配置,创造出合乎控制主体要求的业绩。控制客体在控制系统中处于被支配地位,并反作用于控制主体。

▶▶3. 监控系统

由专门负责监测员工操作实际的专业人员和机器、机构组成。其职责不仅要检查控制客体的作业结果和作业过程,而且将其监测结果反馈到控制主体,作为调整组织运行的依据,使整个组织行为不断趋近并达到预定目标。它在控制系统中处于辅助地位,是监测和调整控制主体与控制客体相互作用的中间环节。

(二)控制的前提

(1)控制必须以计划为依据。计划越清晰、越完整,控制就越有效。(2)控制以明确的组织结构为保障。控制是通过人起作用的,若组织责任不明确,我们就不知道确定偏离计划的责任由哪个部门、由什么人承担,也就不能采取相应的调控措施。（3）控制必须客观。控制是以反馈信息为基础的,这里的信息主要是指管理人员对员工工作业绩的评价情况。（4）控制应该灵活机动。组织内部环境是不断变化的,外界条件也在不断发展,组织为迎接这两方面的挑战,就有必要修订计划,完善控制标准,调整控制方式。因而控制系统应该具有足够的灵活性以适应变化着的内外条件。（5）控制应该经济有效。要提高组织的效益,需有两个条件作为保障:一是决策正确;二是效率提高。（6）控制必须及时。一般来说,发现工作失误是比较容易的,将控制标准与员工的工作实绩进行比较,就可及时发现问题。（7）控制应放眼于全局。组织是由各相对独立的而且彼此关联的子系统构成的。

（三）控制的类型

▶▶ 1. 事先控制

事先控制又称前馈控制,指为事先预计可能出现的问题采取预防性控制。例如,某企业的销售量预计将下降到比原计划更低,企业的主管人员就制订新的广告计划、推销计划,以改善预计的销售状况。事先控制位于运行过程的初始阶段,投入与运行过程的交接点是控制活动的关键点。

▶▶ 2. 现场控制

现场控制指管理人员在工作现场指导、监督下属工作,以保证计划目标的完成。现场控制,就是正在运行过程中的活动的控制。

▶▶ 3. 事后控制

事后控制又称反馈控制,指根据已取得运行结果的信息,对下一步运行过程做出进一步纠正的控制。

（四）控制方法应用步骤

（1）确定标准。标准是工作成果的规范,是对工作成果进行计量的关键点;（2）衡量成效。即衡量、对照及测定实际工作与标准的差异;（3）采取措施,纠正偏差。

（五）开发控制能力

▶▶ 1. 紧紧抓住主要问题

管理者对影响全局的问题要严格控制，对一般问题则需进行弹性控制，不必样样都控制在自己手里，这叫作"抓大放小"的控制艺术。例如，对企业经营管理时，管理者一般要严格加以控制的主要问题是各种计划编制和实施，投入、产出的比例，产品质量、成本、人、财、物的平衡，资金收支平衡，供产销平衡等。

▶▶ 2. 加强基础工作，制定控制标准

一定要做到事先控制，在问题刚冒头时就加以控制。平时，要注意做好基础工作，对经常产生问题的环节，制定切实可行的控制标准，用绝对数、百分率等下达到有关执行部门，作为考核的标准。

▶▶ 3. 发挥各职能部门的控制体系作用

关键是提高各职能部门和管理者的责任心，通过他们去了解情况，发现和解决问题。同时，要重视计划、报表、专业会议的作用，从中了解、掌握情况，研究分析产生问题的原因及时做出决策，采取措施，并进行有效控制。

二、开发协调能力

协调，就是处理各种关系，解决各方面的矛盾，实现理想配合。协调关系，就是处理企业内部和企业同外部的各种关系，共同和谐发展。

（1）抓住机会来协调。企业外部环境和内部环境条件都在动态之中，经常会出现。"内外"的不平衡，也经常会有"良机"出现。管理者的任务就是善于捕捉这些良机，不断开发内部关系，开垦外部环境，建立新的"内外"平衡。（2）对工作职责的协调。企业应当明确各职能部门、各管理人员分工和职责。当出现职能不明、互相扯皮时，管理者要果断裁定，不要含糊。让每个人都了解自己的工作目标和担负的责任，协调地开展工作。（3）对人力、财力、物力的协调。人力、财力、物力的来源和分配上出现问题，往往会影响纵向的贯通和横向的配合。管理者应当严格按计划办事，合理分配，积极平衡。（4）要协调企业的物质

文明建设与精神文明建设的关系、长远目标与近期任务的关系、发展速度与效益的关系。对涉及面广的重大问题，可指定专门部门或专业人员去协调。(5)倡导相互支持。各部门领导之间在强调自己工作的地位和作用时，不能贬低其他部门的地位和作用。工作的配合与支持不能仅是单向的企求，还应成为双向的给予。(6)促进合理竞争。要求部门之间形成一种正常的竞争关系，求同存异，互相支持，密切合作，最大限度地发挥积极性和创造性，努力实现组织系统的整体目标。

第六节 思维能力的开发

一、突破思维障碍

思维是一种复杂的心理现象，是人的大脑的一种能力。当代的心理学家认为，思维是人脑对客观事物的概括的、间接的反映。从字面上考察，"思"就是思考，"维"就是方向或次序，因此思维也可以理解为沿着一定方向、按照一定次序的思考。思维障碍阻碍了我们创造性地解决问题，对于创新是非常不利的，我们要进行创新思维，首先必须突破思维障碍。具体说，必须做到：第一，对问题提出多种设计，产生多种多样的联想，以求获得多种不同的结论，筛选择优；第二，思维要根据各种不同客观情况灵活变化及时纠正自己的思维偏差；第三，还要特别注意克服思维过程中的直线式思维方法；第四，要注意思路的拓展，当思维之路受阻时，要及时调整，有时可进行必要的反向思维。

二、扩展思维视角的方法

(一)改变万事顺着想的思路

从古到今，大多数人对于问题的思考，都是按照常情、常理、常规去想的或者按照事物发生的时间、空间顺序去想，这就是所谓的"万事顺着想"。

▶▶ **1. 变"顺想"为"倒想"**

在顺着想不能很好地解决问题时，倒着想是一种创新的选择。

▶▶ 2. 从事物的对立面出发去想

新的思路，能取得意想不到的新结果。在解决实际问题时遇到了困难，不是在原来的思考点上转圈子，而是敢于跳到对面去，在事物的对立面上重新找切入点，这是扩展思维视角、实现创新思维的重要途径。

▶▶ 3. 改变自己的位置

如果创新者是思考社会问题，创新者可以把自己换到其他人的位置上，特别是创新者考察对象的位置上。如果创新者研究的是科学技术问题，创新者可以更换观察的位置，从前后、左右、上下等各个方向去分析问题。

（二）转换问题获得新视角

▶▶ 1. 把复杂问题转化为简单问题

聪明人可以把复杂的问题越搞越简单，不聪明的人可以把简单的问题越搞越复杂。事实上，在解决复杂问题时能够化繁为简就体现了一种新的视角。

▶▶ 2. 把自己生疏的问题转换成熟悉的问题

对于从未接触过的生疏的问题，可能一时无法下手，找不到切入点，但不要望而却步，试着把它转换成自己熟悉的问题，可能就会有新的视角，也许还会有出色的成果诞生。

▶▶ 3. 把不能办到的事情转化为可以办到的事情

世间有些事情是能够办到的，有些是难以办到的，有些根本就是不能办到的。但是，不能办到的，就不能转换成能够办到的吗？如果能够，我们就多了一种新的观察和解决问题的视角。

（三）把直接变为间接

▶▶ 1. 以退为进

这在军事上是很重要的一种策略。好的军事家，都不会在条件不具备时和敌人硬拼。消灭敌人,是军事家的目的,可是,这个目的不是简单就可以达到的,尤其在敌强我弱的情况下,必须有巧妙的策略。

在解决其他问题时,"退一步海阔天空"的道理同样有效。如果遇到了困难,暂时退一步等待时机,就可能使情况朝着有利的方向转化,这时再前进,问题的解决就要容易得多。退,绝不是逃避,而是积极的转移,是以最小的代价去取得最大的胜利。

》》 2. 迂回前进

退一步是为了前进。有时,为了前进,也可以转弯,兜圈子,在军事上,叫"迂回前进"。实际上在各个领域,为了克服困难,解决问题,都需要从迂回前进的角度去改变思路。

》》 3. 先做铺垫,创造条件

在面对一个不易解决的问题的时候,有时要先设置一个新的问题,作为铺垫,为解决问题创造条件,这也是采取的变直接为间接的新视角。

一切事物都是互相联系的,而任何问题的解决也都是有条件的,解决一个小问题,就可能为解决下一个大问题创造条件。在创新者动手解决问题之前,可以先想一想,是否有创造解决这个问题的条件,寻找这种条件,就是扩展视角的过程。只要有扩展视角的意识,掌握了扩展视角的方法,我们解决问题的办法就会多起来。

三、实施创新能力开发系统工程

创新是一项艰巨的系统工程,也可以说是人的创造工程。人,是创新工程的主角,具有创新素质的人,才能实施创新事业。一个人要进行创新,要具备以下的一些条件。

(一)克服心理阻力

人的创新心理品质是创新活动的前提,看一个人是否能进行创新活动,在很大程度上看这个人是否具有创新心理品质。

历史上不少有建树的人都是思维活跃、敢于标新立异的人。伟大的科学家爱因斯坦所取得的巨大成就,就在于他敢于对现成的理论质疑和突破,不迷信权威,不盲目从众,不受条条框框的束缚,他自称是"最彻底的怀疑主义者"。正是由于他对传统的、绝对时空观的"同时性概念"产生怀疑,才有"狭义相对论"的成果。因此,要克服不敢变通的思维习惯,不断地拓展自己的思路。

(二)建立创新机制

建立创新机制是实施创新的重要条件之一。这一点主要针对组织者而言。对创新者来说,创新没有进行合理的评价和鼓励,是阻碍创新思维能力提高的另一重要因素。创新能力的发挥既有赖于个人的主观因素,也与其所处的环境有很大的关系。人的智慧、想象力、创新力的充分组合,也需要合理的评价机制和激励机制。组织和领导体制中缺少一种对创新者政绩的促进机制,没有形成一种创新的氛围,人的创新能力就很难发挥。因此,我们在组织创新活动时,要注意建立创新的机制。

(三)打好知识基础

丰富的知识是创新的基础,每个人都要重视知识的积累。有的人提出,在现代社会,需要的是善于交际,猎取信息,而不是知识。"宁做开拓型,不做知识型",这种看法犯了一个致命的错误:把能力和知识割裂开来,以为创新是一种信手拈来,不需要条件的东西。殊不知,人的一个基本要求就是知识素质,而素质的一个重要内容是知识修养。

(四)善于提出问题

创新力的一个重要素质就是善于提出问题。要开创工作新局面,就必须不断开阔眼界并且不断探索,善于发现问题、提出问题、创造性地解决问题。爱因斯坦有句名言:"提出一个问题往往比解决一个问题更重要。"这句话虽然主要是针对科学研究的,但对每个人的工作来说也同样适用。正所谓:"合抱之木,生于毫末;九层之台,起于垒土"。

第三章　高校大学生创新意识的培养

第一节　创新动机意识的培养

一、创新动机意识的内涵特征

创新意识是指人们在生活中,根据需要而产生的一种创造前所未有的事物或者观念的动机,并在创造活动中表现出的意向、愿望和设想。创新意识是人类意识活动中的富有成果性和创造性的积极表现形式,是人们进行创造活动的出发点和内在动力,是创新能力开发与培养的前提条件。

创新意识包含责任、危机、成功、问题、竞争、规则、学习、审美、合作和行动等意识行为,表现为创新需要、创新动机、创造兴趣、创造情感、创造意志、创新理想、创新信念和创新世界观等形式,是引发人们创新思想的动机、创造意向、创造愿望和创造设想的综合表现。根据创新实践中自觉程度的高低、指导力量的大小和持续时间的长短,可归纳为创新动机、创新兴趣和创新理念。

(一)创新动机

学生的创新动机直接影响着从事创新活动的积极性和对创新结果的评价、体验,要注意培养学生的内部动机。因为内部动机善于发现问题、提出问题、直面问题、研究问题、回答问题,积极推动问题的解决;而外部动机是指为了追求学业、荣誉、金钱、赞誉和认可而产生的动机。只有内部动机被激发,才有利于主体进行创新活动。

(二)创新兴趣

兴趣是人们认识某种事物和从事某项活动的兴致、喜好性心理意识倾向和情绪态度反应,可促使人集中注意力,激发人的行动热情,正如人们常说的"兴趣是人最好的老师"一样。

创新兴趣指人积极探究、爱好新奇事物的一种心理倾向,是选择性态度和积极情绪的反应,是需要的一种表现方式,能促进创新活动成功。人不能单凭兴趣从事创新,而不注重方式方法和全局意识,要尽量将兴趣上升到追求和理性的高度,一旦形成创新兴趣,就必然伴随创新动机,迅速牢固地促使主体自觉主动地认识某些事物,寻求解决问题的方法手段,全神贯注、积极热情地调动一切潜能去进行创新实践。

(三)创新理念

创新理念是创新理想和创新信念的总称。理想与信念相互补充、共同作用、缺一不可。创新理想强调理性认知,就是主体对创新实践活动将要实现的奋斗目标的期待和向往。一个人树立起某种理想,其行为需要、动机、兴趣都涵盖在理想之中,调动行为主体全部情感和智慧,为创新实践活动提供强劲持久的推动力。

创新理想强调理性认知,而创新信念强调认知的坚定性和真实有效性,创新信念常靠创新意志、创新精神和创新情感做支撑:(1)创新意志是在创造中克服困难;冲破阻碍的顽强毅力和不屈不挠的精神,使心理因素具有目的性、顽强性和克制性;(2)创新精神是指敢于探索、开拓、走前人没有走过的路,敢于发掘前人没有发掘过的真理,敢于创造前所未有的事物,敢于攀登科学文化高峰的大无畏革新精神;(3)创新情感是指引起、推进乃至完成创造的心理因素,只有具备正确的创造情感才能创新成功。在创新理念中,创新理想与创新信念是相互补充、共同作用的两个方面,缺一不可。

可见,创新意识产生于社会或个体的客观需要,因对现状的强烈不满,欲创造前所未有的事物或观念的动机及在创造活动中所表现出来的意向、愿望和设想。它是人们进行创造活动的出发点和内在动力,是创造性思维和创造力产生的前提,是进行创新的关键。只有创新意识强烈,才能在创新路上勇往直前,研制出造福于人类的新成果。

二、创新动机意识的功能作用

创新意识决定着国家、民族的创新能力。创新意识是创新能力的精神力量,是一个国家、民族发展能力的代名词,是解决自身生存、发展问题能力大小的最客观和最重要的标志。创新意识推动、促进社会的全面进步。创新意识推动人的思想解放,有利于形成开拓意识、领先意识等先进观念;创新意识促进社会政治向更加民主宽容的创新所需方向发展,以利于创新活动进行。创新意识促成、提升人的素质结构变化。"创新"实质上是确定了一种新的人才标准,向社会传递着一种充满生机活力、有开拓精神、有新思想道德和现代科学文化素质的人才信息;引导人们朝这个更高的目标层次上提高自己的素质,激发人的主体性、能动性和创造性进一步得到极大发挥、丰富和扩展。

创新意识促进创新成功,社会进步、国家发展、企业生存、个体成长都离不开创新,唯有创新才能在知识经济时代得以生存发展。当代大学生只有对创新抱着浓厚的兴趣,产生强烈的创新愿望,形成奔腾不息的创新动力,不达创新目的誓不罢休的决心,夜以继日战斗在创新实践中,百折不挠地排除各种创新困难,不停地创新设想,反复轮回地实验验证,创新才能够成功。具体阐述如下。

(一)动机驱动创新动力

对现状的永不满足、对自身发展的不懈追求,构成了创新能力发展的动力源泉。有强烈的创新动机,才会自觉、积极、主动地进行学习、探索和创造。成功的科学家往往兴趣广泛,精神振奋,动力十足,观点新鲜,丰富多彩,肯动脑筋,发现新问题,产生新思路。如爱迪生对科学事业异常喜好热爱,探究发明了电灯、电话、留声机、电报等几千项发明。达尔文对昆虫感兴趣,驱使他不懈考察,潜心研究,写出举世闻名的《物种起源》。雷内克对医生职业产生了浓厚的兴趣,发明了听诊器,改变了传统诊断方式,提高了诊断准确性。电脑网络奇才比尔·盖茨,对电脑网络接近痴迷的兴趣,使他日后获得成功。

(二)兴趣开发创新思维

兴趣是影响创新过程最积极、最活跃的心理因素,是个体创新中的积极情绪体验。可使人的探究活动染上强烈、肯定的情绪色彩,而为人所接受和喜爱。一个兴趣广泛的人总对新鲜事物充满好奇,并孜孜以求。人们历来很重视兴趣在各种实践活动中的作用,兴趣可使人集中注意,产生愉快紧张的心理状态,使人的感知觉活跃起来,思维敏捷、想象丰富、观察准确、记忆牢固、注意力集中持久,有助于把个体智慧和能力充分发挥出来。正如法国著名昆虫学家法布尔所说:"兴趣能把精力集中到一点,其力量好比炸药,立即把障碍物炸得干干净净。"

(三)精神战胜创新困难

创新具有不确定性与风险性,难免遇到这样那样的困难与挫折。只有树立"报效国家、服务人民、造福社会、奉献自我"的创新理念与精神,才可战而胜之。

唯此精神信念长期鼓舞激励自己,方可"视若未见、乐在其中、持之以恒"地坚持创新,最终实现"造福社会、展现价值"的创新目标。

(四)情感丰富创新品质

创新品质就是创新的质量和效果。带着追求完美向社会负责的情感进行研究,研发出的创新结果一定会被人们所喜爱和接受。创新品质好等级高,不仅能使创新者在艰辛烦琐的工作中体会到快乐,还能获得较好的社会收益。以研究"水"著称的江本胜博士带着深厚的情感,让水听听音乐看会形成什么样的结晶,结果惊奇地发现"水也是风情万种":水听了贝多芬的《田园交响曲》之后,呈现的结晶美丽而工整;听了莫扎特的《第40号交响曲》之后,结晶竭尽全力展现出一种华丽美。当把"谢谢"与"浑蛋"两个词写给水看,结晶便形成非常强烈的对比。正如孔子所说,"知之者不如好之者,好之者不如乐之者"。可见创新品质何等珍贵神奇。

三、创新动机意识的培养方法

(一)激发创新动机的方法

▶▶ 1. 敢于挑战风险与难题

那些在创意性领域中工作的专业艺术家和科学研究者,出于对工作的兴趣、满足好奇心、获得成就感等内部动机需要,对工作有很高的内部动机。平常有意识地培养自己的创新意识,在工作上显示出较高的创造力水平。

具有创新意识的人,乐于选择、投入具有挑战性、危险性的难题,使他们的聪明才智有用武之地。他们为自己能有机会解决这些难题,而感到兴奋、鼓舞、愉悦。

▶▶ 2. 经常测试自己的动机

有人把创新看得很神秘,认为那是科学家的事,自己想都不敢想;也有人对创新具有恐惧心理,害怕挫折,害怕遭别人非议。其实创新并不神秘,人人都具有创新能力。科学家的重大发明是创新,学生想出一道题目的新解法,或写出一篇有新意的文章也是创新。潜在的创造力在每个人身上都是沉睡着的力量,亟待唤醒开发。

激发创新动机的方法是坚持经常进行自我激励与测试。肯定回答以下问题越多,表明内部动机越强:你的创造活动完全是出于好奇心吗? 你从事创造活动是为了得到自我满足吗? 你喜欢挑战性工作吗? 你是否渴望挑战性工作? 并不依赖别人的帮助? 你是根据自己的标准来评价工作成败的吗?

▶▶ 3. 激发内部动机的方法

(1)寻找自己真正感兴趣的工作

每个人的兴趣不一样,大学生有充分的时间思考和寻求自己的兴趣,可以在纸上分级列出自己感兴趣并愿意从事的工作内容。

(2)寻找对工作的自我满足点

想一想这项活动哪些方面使自己得到了满足,满足了自己哪些需要。

(3)接受更具挑战性的任务

尝试做一些难度稍大一点的工作,会有许多不一样的体验。

(4)与人合作并重视独立工作

无论是大学在校期间还是参加工作以后,许多工作都是需要合作完成的,这个时候不仅需要配合团体的其他成员完成工作,也要意识到自己是独立的个体。

(5)设立自己能达到的工作标准

接受旁人对工作有益的建议,但对其不良的评价持保留态度,至少是在这项工作完成之前。

▶▶ 4. 借外部动机激发创新

外部动机对创新是一把"双刃剑",既有积极作用,也有消极作用。关键看如何利用。

(1)巧借外部动机激发内部动机

接触新生事物时,开始很难产生强烈的内部动机,这时需借用外部动机强化支撑行为。在实践中培养兴趣,用自我奖励培养乐趣与价值认可。比如一个人开始是为了得到老师和同伴的赞赏,去做些小发明创造。久而久之,他发现这项活动充满乐趣,让他十分有成就感,那么这时支持他行为活动的主要因素不再是外部动机,外部动机已转化为内部动机了。

当自己对一项工作不感兴趣但又必须完成时,可事先约定完成一部分工作后,只要结果达到一定的水平,就给自己一个奖励。在实施过程中严格执行,这对内部动机产生有很大的促进作用。也许在完成工作的过程中,你就慢慢发现了这项工作的乐趣。

（2）避免外部动机抑制内部动机

要学会弱化外部动机，使行为活动是为了满足机体内在的需要。常提醒自己行为活动的初衷，避免外部动机抑制内部动机。

有个著名的心理故事，讲的是一群孩子在一个老人家门前嬉闹，老人家难以忍受。于是想了个主意。他给每个孩子 25 美分，说："你们让这儿变得很热闹，我觉得自己年轻了不少，这点钱表示谢意。"孩子们很高兴。第二天孩子们仍一如既往地嬉闹。老人出来给了每个孩子 15 美分，说自己没有收入，只能少给一些。孩子仍然兴高采烈地走了。第三天，老人只给了每个孩子 5 美分。孩子们勃然大怒："一天才 5 美分，知不知道我们多辛苦！"他们向老人发誓："再也不会为他玩了！"

聪明的老人知道只需操纵美分这个外部因素，就操纵了孩子们的行为，将孩子们"为自己快乐而玩"的内部动机，变成了"为得到美分而玩"的外部动机；得了外在奖励就忽视了内在兴趣，当外在奖励停止时，行为就自然停止。

（二）培养创新兴趣的方法

▶▶ 1. 营造创新环境

创新氛围浓厚，才有利于培养创新兴趣和产出创新成果。榜样教育是"不教之教"，在富有创造力的环境里，你的榜样是丰富的，这些"榜样"将在不知不觉中影响你，在潜移默化中激发了你的创新兴趣。如哥本哈根大学物理研究所就培养出多人获得诺贝尔奖（如玻恩、海森伯、泡利、赫维塞、罗瑟兰、鲍林、狄拉克、邓尼逊等）。

强化社会实践，一是可开阔大学生知识视野，接触到各种新鲜信息，刺激产生更多兴趣，增加兴趣广度；二是可将所学知识应用于社会实践，使知识技能掌握得更牢，稳定学生兴趣，增加兴趣深度；三是可结合社会工作实际，选个课题进行研究，体验科学研究的乐趣，增加兴趣浓度。

▶▶ 2. 健全创新心理

创造性思维产生，有赖于学生的心理自由。学生只有在无拘无束的思维空间才能孕育、诞生创新思维。创新心理环境可通过以下三个方面实现。

（1）永远保持童心

英国大诗人柯勒律治说："保持儿时的感情，把它带进壮年中去；把儿童的惊奇感、新奇感和四十年来也许天天都惯见的事物结合起来，这个就是天才的本质和特权。"儿童天生对外界保持一种好奇的状态并表现出探索的渴望与冲动，这是人最初的天性使然、凡有所创新与贡献的人无不是保持着一颗不泯的童心，最具突破性的科学家都是充满了好奇之心的。何谓"童心"？童心就是对外界表现出来的新鲜感、好奇心和探索欲。如心理学家特里萨·安贝丽所说的："创造力的核心是在婴儿心中，是一种去探索的渴望和动力，他们不断发现去尝试，用不同的方法去解决和看待事物，当他们年龄增大时，他们就开始将他们在玩耍时的构思转化为现实"。我国著名心理学家岳晓东博士在谈如何培养创造力时提出了"四大回归"理论——回归儿童式提问、回归儿童式想象、回归儿童式判断和回归儿童式感受。创新型人才需要培养的就是永远对这个世界保持孩童般好奇、探索的眼光和不断开拓进取的品质。

（2）增强成就动机

成就动机指个人愿意去做、去完成自认为重要或有价值的工作，并力求达到完美地步的一种内在推动力量，即希望获得成就的动机。高成就动机的人，在活动中表现出更多的自觉性、主动性和坚持性，他们参加任何活动总是力图取胜，喜欢接受他人的挑战，面对挫折和困难表现出极大的韧性和毅力，不达目的决不罢休；高成就动机的人，可更好地使潜在兴趣转化为现实的、对行为有效的兴趣。培养成就动机要树立远大的理想，确立短期目标和长期目标，形成正确的人生观和价值观，制定崇高的追求目标，养成百折不挠的顽强精神，增强自信心；积极体验实现目标后的成功喜悦。

（3）培养自我期望

期望是人判断自己是否达到某种目标或满足原定需要的主观想法，反映人需要动机的强弱，对人的行为与行为结果有着深远影响。积极的期望促使人的行为朝着良性方向发展，消极的期望使其走向恶性方向。因此，培养自我积极期望是创新者的重要任务。当你对某项活动没有兴趣的时候，借助持续的自我暗示，让你对这项活动产生真正的兴趣。以积极乐观的心态去参加某项活动，期待最终结果能让你得到成长与收获，也相信自己有足够的能力控制行为结果。

许多人认为创新是遥不可及的，是少数天才的特殊能力。其实对任何一种事物的不同认知或对任何一个问题的不同解决办法都是创新，日常生活的革新处处充满着创新。要学会带着审视眼睛去观察、思考和关注自己身边的事物或现象，让自己活得丰富多彩;要多读一些专业外书籍,拓展自己的知识面,培养自己广泛的兴趣。

▶▶ **3. 从简单尝试开始**

常听到"我对这活动根本不感兴趣"的话,说明你对这项活动不了解,或认识片面,还可能是对这项活动缺乏信心。不如先了解和尝试一下这项活动,给自己定个小目标,实现小目标,尝到活动的成功喜悦,兴趣也就逐渐产生了。或将一项比较复杂的任务分解为几个小目标,从比较容易的小目标入手,就容易增加创新的信心。

▶▶ **4. 从日常生活中入手**

日常生活中可以创新的东西不胜枚举,顺利解决生活中的任何问题都是创造力的表现。比如烹调一道新菜肴,发现事物的新用途,用简单的办法解决生活中的难题等都是创新。有这样一个小故事:有辆货车通过一座天桥时,司机没有看清天桥的高度标记,结果车被卡在天桥下面。因为装的货物很重,很难把货车开出来。司机和当地交通管理部门想尽了办法,还是无济于事。一个小孩子走过来笑着说:"你们把车胎气放点,不就出来啦!"真是个好办法,司机马上放了些气,货车高度降了下来,就顺利通过了天桥。

▶▶ **5. 合理运用兴趣的转移性**

兴趣爱好是可以转移的,鲁迅先生就是一个很好的例子。他所学专业是医学,因为我国的特殊历史环境,毅然弃医从文,选择用手中的笔来作为思想斗争的武器,写出大量战斗檄文,最终成为闻名世界的大文豪。作为新一代的大学生应该有意识地把自己兴趣爱好转移到创新活动中去。

▶▶ **6. 合理进行自我强化**

自我强化是指在安排创新活动时,每达到一个目标,给自己点物质或精神"奖励",保持高度兴奋状态,保证行为活动持续发展,直到创新目标全部完成。

完成既定目标时,会感到快乐、喜悦、自豪、满足,这种成就感、荣誉感等积极情绪会促使不断强化参与创造活动的浓厚兴趣。当未完成既定目标时,应及时调整行为计划,使创新行为继续下去。

在创新活动中,遭受失败和挫折是难免的,关键要进行合理归因,将挫折感降到最低,以免负性强化导致兴趣消退。古今中外,凡有建树之人,无一不是在挫折面前经受住考验的人。大发明家爱迪生发明电灯时,试用了 6 000 多种纤维材料,才确定用钨丝做灯丝。法国作家小仲马,经过不懈努力,才完成成名之作《茶花女》。

(三)增强创新意识的方法

▶▶ 1. 树立独立与自主意识

创新讲究的是独一无二,而不是模仿、雷同。因此培养创新意识,就要注意培养独立(独立的人格、独立获取知识、独立钻研问题和独立思考问题)、自主(自我激励、自我控制和自主发展)意识,实际上就是自我激励、控制,不依赖他人、不盲从权威。始终把注意力集中在选择的创新事物上,克服困难,百折不挠进行研究。

▶▶ 2. 树立问题与怀疑意识

问题意识就是说遇事要善于提出问题。创新始于提出问题,终于解决问题;使问题得以解决才是创新。怀疑意识强调对权威的挑战,不敢怀疑质疑,就会阻碍思维创新。只有敢于怀疑质疑,才能有效扩大自己的创新思维空间。

▶▶ 3. 树立风险与挫折意识

创新是走一条前人没有走过的路,在这一过程中难免会遇到困难,遭受挫折。要想有所创新,就要有一定的风险意识和冒险精神,有克服困难的勇气和百折不挠的意志。

第二节　自我超越意识的培养

一、自我超越的内涵特征

自我超越的价值在于学习和创造,能认清自己真正的愿望,为了实现这个愿望而集中精力,不断拼搏,富有耐心,努力学习,坚持创造,实现价值。

维克多·弗兰克认为:"人真正追求的不是自我实现,而是超越自我的生活意义。这种追求包含了对自然界、人类社会、文化及人在其中所处位置的探索和理解,目的是为更好地把握人生,更有意义地去生活。"对人生意义的追求不是满足于自我平衡状态,而是自我超越,敢冒风险,勇担责任,不断地学习和创造,追求卓越的境界。

自我超越是学习型组织的精神基础,它强调自我,强调内因,教我们学会如何扩展个人的能力,突破成长上限,不断实现心中的梦想。自我超越并非易事,但通过自我超越的修炼,可以重新认识自己,认识人生,挖掘出内心向上的欲望和潜能,以一种积极的、创造性的态度对待生活。

二、自我超越的培养方法

(一)建立个人"愿景"

大多数人对真正愿景的认识都很肤浅。我们有目标,但这不一定是愿景,在被问起想要什么时,都会提到眼前想要摆脱的事情。例如,想换一个更好的工作、想要迁居到环境较佳的地区等,连所谓成功人士也摆脱不掉。这样的愿景是生活中适应或解决问题的副产品,它只是不断地去摆脱困扰的事情,并不会促进自己成长。

"愿景"有多个构面,它可能是物质上的欲望,如想住在哪里,有多少银行存款;可能是个人的构面,如健康、自由、对自己诚实;也可能是贡献社会方面的,如帮助他人,或对某一领域的知识有所贡献。这都是我们心中真正愿景的一部分。但社会发展常会影响个人的愿景,社会舆论也常会褒贬个人愿望的好坏。这也是为什么实现个人愿景需要勇气,而自我超越层次高的人才能游刃有余地处理自己的愿景。

(二)保持创造性张力

即便愿景是清晰的,但人们在谈论自己的愿景时却常有很大的困难,因为我们会敏锐地意识到存在愿望与现实之间的差距。"我想要成立自己的公司,但苦于没有资金",或是"我想从事真正喜爱的职业,但现实必须另谋他职以求度日"。这种差距使一个愿景看起来好像空想或不切实际,使我们感到气馁或绝望。但相反,愿景与现实的差距也可能是一种力量,将你朝愿景方向推动。这种差距称为"创造性张力",是创造力的来源。

创造性张力常夹杂着焦虑、悲哀、气馁、绝望、担忧等情绪,以致人们以为创造就是焦虑状态,其实这是"情绪张力"引起的负面现象。我们应充分利用创造性张力这个动力来实现个人愿景。

(三)改变"不可能的思想"

许多人都认为自己没有能力实现自己想要的愿景和目标,或认为自己的愿景是不可能实现的。这在一定程度上限制了人的自我超越,需要改变这种"不可能的思想"方法如下。

首先坚定意志力。意志力是我们全神贯注地去击败达到目标过程中所有形式的抗拒力,它表现为愿意付出任何代价以击败阻力,达成目的。这就需要我们培养自己坚韧不拔的品质,坚定自己的意志力,用自己的意志力去摧毁一切不可能。

然后转化压力。压力是一种情绪张力,可以利用情绪张力,使自己更加努力,追求预想的结果。这需要我们在平时学会自我加压和自我解压,能够将压力成功转化为工作动力,争取让一切愿景成为可能。

(四)改变思维方法

欲实现自我超越就需改变自己的思维方法,提高自己的思考能力。只有在工作中捕捉知识,掌握工作技巧,不断充实自己,完善自己,构建自己的能力,才能适应时代的工作要求。只有改变自己的思考方法,提高自己的思考能力,才能找到工作规律和做事方法,保证自己每天都有进步。只有养成一种良好习惯,才能使人受益无穷。一名进取者的魄力、能力、态度、负责精神会显著提升工作效率。

(五)运用好潜意识

"自我超越"层次高的人有种潜在特质,就是在忙乱中仍能优雅而从容地完成异常复杂的工作。实际上是意识与潜意识之间有较高的契合关系。潜意识对于我们的学习非常重要,应当做一种修炼来加以提升。

人自出生每项事都需要学习。只有专注渐进地学习,才能学会一切新事务。学习过程中,整个活动从有意识的注意,逐渐转变为由潜意识来掌管。譬如,你初学开车时相当注意,和坐在你身旁的人谈话都困难。练习几个月后,不需要意识上专注,就可做同样的动作。可见,培养潜意识必须契合内心真正想要的结果,愈是发自内心深处的良知和价值观,愈容易与潜意识深深契合。

(六)时刻战胜自我

一个人最了解的是自己,最不了解的也是自己。看到自己的优点多,容易自傲,可能发展到狂妄;看到自己的弱点多,又会自卑,直至变成懦夫。因此,人要成为生活的强者,就必须不断地战胜自我——即战胜自我的自私心理、思维的混乱性、自卑情绪、非理性冲动、实践的盲目性和随意性、自我认识的狭隘性和片面性、自我惰性和守旧性等弱点。要不断地磨炼和雕刻,把自己炼成铁、炼成钢,打造、雕塑成宝刀式的创造工具或艺术珍品。

第三节 竞争意识的培养

一、竞争的内涵特征

当今时代是一个充满竞争力的时代,竞争无时不在,无处不有。优胜劣汰的竞争是自然界演进法则,也是人类社会进步的动力。市场经济体制的建立,要求每一位中国人靠自己的双手去竞争、去拼搏,做一个强者,在竞争中实现自身价值。竞争的内涵特征表现如下。

其一,竞争的根本属性既是一种激励机制,又是一种淘汰机制。竞争使胜利者获得竞争目标,需要得到满足,受到世人敬慕和舆论赞扬;使失败者失去竞争目标,需要得不到满足,迫使社会成员不断进取,奋力向前,超越他人,从而最终汇成社会进步的巨大洪流,推动人类社会进步。竞争推动着经济迅猛发展。马克思谈到资本主义社会竞争时指出:"这个规律不让资本有片刻的停息,老是在他耳边催促说:前进!前进!资本主义在它不到两百年的阶级统治中所创造的生产力,比过去一切时代创造的全部生产力还要多,还要大。"我国改革开放的实践也充分证明各行业部门引入竞争机制,使得我国国民经济飞速发展。

其二,科学理论只有通过学术争鸣,才能建立和发展起来。各种不同的学术观点只有展开争论,才能识别孰是孰非,辨别真假对错。科技发展是一个无止境的竞争过程,与激烈的国际经济、军事等领域的竞争息息相关。竞争环境和竞争行为对人的智力能力和个性品质,都有积极的促进作用。

其三,要想挑选优秀人才,最好的办法就是竞争。民主选拔、选举、考核、招聘、投票等具有鲜明的竞争意识,各级政务类公务员通过选举产生,业务类公务员通过公开招聘考试录用，借以保证最优秀的人才进入政府各部门。凡遇重大事项，通过人民代表或全体公民投票决定，借以保证国家大政方针充分体现多数人的意志。这一切只有在竞争型的政治活动中才能实现。在实际工作中，也是通过不断地竞争实践，大浪淘沙，留良去劣，为创新型人才留下用武之地。

竞争能促进科技创新，体制创新，教育、文化、卫生等各项事业开创出新局面。竞争有利于发现人才，造就人才。竞争是把双方放在同一水平上，公平地比较高低、优劣，最能刺激双方的创造性思维活动。在竞争环境下，需创新制定一套公正、文明、良性的竞争机制与管理制度，保证竞争环境有序正常进行，充分体现优胜劣汰的公平竞争法则，对推动公平竞争、互相角逐、成长生存、实现自我价值起着巨大作用。

竞争是能力的角逐，智慧的较量，有利于人才成长。要想战胜竞争者，就得下功夫，勤学苦练，提高自身素质，增强其竞争能力。竞争和竞赛有助于培养人的个性心理品质，使人热情高涨，产生激情和进取心，能够考验人的意志，增强人的智力效能，调动人的想象力和思维创造力。可见，通过竞争，既可培养出造福社会民众的创新人才，还可创造出推动社会进步的创新成果。

二、竞争意识的培养方法

一个人是良才还是庸才，是英雄还是草包，只要到竞争场上一比高低，即可见分晓。人才只有通过竞争才能被社会所发现和承认。近年来，政府部门内设机构的领导职务的晋升，实行了竞争上岗，使一大批优秀人才在公开、平等、竞争、择优中脱颖而出。竞争对人的智力、能力、个性品质，有积极的促进作用。不竞（进）则退，机遇也会丧失；直面竞争，方可生存。勇敢地直面竞争，不是东方"武王"的做派，更不是西方"牛仔"的风度，它既需要雄厚的实力，更需要一定的智谋和战术。

（一）竞争环境存在的问题

良好理想的竞争环境，是提高人才创造素质的强化剂，是充分发挥创造才能的激发剂。竞争应是与竞争对手（"君子"与"君子"公平较量）的良性竞争，你"冒尖"，我比你还"冒尖"，咱俩看谁更"冒尖"。若"君子"被"小人"包围，就会产生恶性竞争，你"冒尖"，我脚下使绊子，不让你"冒尖"。我们应提倡、支持、鼓励良性竞争，坚决反对、制止、惩处恶性竞争。当前的竞争环境主要存在以下问题。

一是在自己周围，找不到"能级"相当的竞争对手。二是本单位、本系统长期被一种安分守己、满足现状的传统气氛所笼罩,谁也难以打破这种令人窒息的僵死局面。三是自己整天"横站着"(鲁迅语),既要想方设法攻克前面遇到的改革难关,又要小心提防后面杀上来的"竞争对手",由于一心二用,精力分散,所以显得格外吃力。四是顶头上司喜欢"和平共处",讨厌竞争。五是在一场本来势均力敌的良性竞争中,由于受到关系网、不正之风等各种外在因素的干扰,胜负的指针忽然偏向天平的另一方。六是有的部门"小人"之间恶性竞争占据了"舞台"的中心,搅乱了人们的情绪,使"君子"之间的良性竞争失去了迷人的魅力。七是良性竞争胜者,得不到应有的鼓励,胜负同竞争前一样,似乎从来就没有过竞争。八是其他影响良性竞争的各种因素。

可见,建立良好竞争环境的关键,要下大力气排除恶性竞争的横向干扰。将"能级"相当的竞争对手组合在一个"类似"环境中,来激发、培养竞争意识;用奖惩手段鼓励良性竞争,制止恶性竞争和奴性竞争。

(二)增强个体竞争力的办法

在现代组织管理中,仅注意开发某些个人创新能力是远远不够的,只有充分发挥组织集体的全员创新能力,才能把整体事业推向前进。只有制定一套良性竞争的管理制度,才能保证竞争的有序正常进行,充分体现优胜劣汰的公平竞争法则。

▶▶ 1. 要把竞争意识植根于心灵

当前,竞争意识作为推动生产力和人类社会发展的一种必然动力已走向市场,无论是国家、企业,还是个体要发展进步,就必须参与竞争。社会主义市场经济新体制已初步确定,转变政府职能,善于为市场经济服务,已摆在每位政府管理者、社会职员和大学生面前,要积极培养自己的竞争意识,面对和参与日益激烈的竞争。如果心理上缺乏竞争意识准备,对竞争的重要性和残酷性认识不足,就难以在突如其来的激烈竞争中取胜。

自从深圳等经济特区设立以来,优良的用人环境,吸引了全国不少人才聚集于此,发挥才干。原来的一些地区、单位不仅由于自身经济条件的低劣,更由于僵化、恶劣的人事环境造成大量优秀人才跳槽,使这些地区、单位仍然处于封闭落后的状态。虽然当时大的政策背景可能对这些地区、部门不利,但若这些地方的领导有强烈的竞争、开放、创新意识,小环境的建设仍然是可以有所作为的。

➤➤ 2. 要把捕捉机遇驻足于心底

竞争往往是对机遇的竞争,在时空上抓住先机,就能领先对手。机遇的竞争最需要的就是时刻在心底确立机遇意识,即使在事业兴旺时,也不能丝毫放松对自己机遇意识的培养,否则,很容易使个体或组织在市场竞争中落伍。

风险机制是市场经济的基础机制,风险意识是市场经济的基本意识。在竞争激烈的市场经济条件下,任何一个经济主体都面临着盈利、亏损、破产的可能性,都必须承担相应的利益风险。正是风险以利益和财产增加的诱惑力与破产的压力作用于企业,从而督促、鞭策企业领导改善经营管理,更新技术。只有不惧怕竞争、敢冒风险者才能在市场经济大潮中获得生机,赢得生机。正如邓小平同志所说:"看准了的,就大胆地试,大胆地闯。"

要竞争,要发展,就必须有风险意识。我国当前诸多市场被外国商品抢占,一部分是由于本国企业缺乏敢于冒险的精神而造成的。这样的教训迫使我们要重新认识心理上"敢冒风险"的价值,和在市场经济竞争行为中"勇于竞争"的魄力。

➤➤ 3. 要在竞争中搞好团体合作

为帮助我们的国家和民族早日赢得 21 世纪竞争的胜利,实现屹立于世界民族之林的中国梦,必须加强人与人、人与团体、团体与团体之间的联合与合作。这是夺取各项竞争胜利的重要保证。因为一个人要想在日新月异,知识、信息大爆炸的时代,所有竞争项目都领先于竞争对手是不可能的。竞争者须与其他竞争者根据各自需要,按照取长补短、平等互利的原则,在一个方面或几个方面进行合作,各自扬长避短,才能战胜竞争对手。

马克思在《资本论》中说得好:"一个骑兵连的进攻力量或一个步兵团的抵抗力量,与单个骑兵分散展开的进攻力量的总和或单个步兵分散展开的抵抗力量的总和有本质的差别……这里的问题不仅是通过协作提高了个人生产力,而且是创造了一种生产力,这种生产力本身必然是集体力。"在这场竞争过程中,这种动力的产生,必须以个人能力的身体、个性、品质、知识、技能、信息等诸要素有机结合为前提,是竞争双方或多方竞争者的合作。我们每个人要善于学习别人的优势,弥补自己的不足;把别人的优势转化为自己的优势,会同原来具备的优势,组合成一种新的竞争优势,才能在各类激烈竞争中占据有利位置;利用提高了的竞争优势去和第三个竞争者或竞争团体合作,争取更大规格、更高层次的竞争胜利。

第四节　风险意识的培养

一、风险意识的内涵特征

风险意识是人们在对一系列灾难性事件反思中产生出来的,是一种反思意识。风险与可能性和不确定性密不可分,当某种结果百分之百确定时,就不存在风险。意识是客观世界在人脑中的反映,内在表现是一种思想、观念与情感,外化体现的是能力。可见,风险意识是人自身行为中的不确定性因素的思想观念,是一种责任意识;需加强企业、青年学生乃至全社会的风险意识培养,树立全员风险意识,提高公民参与预防、处置风险的积极性,形成全民应对风险的社会格局。当风险意识外化为一种行为时,其最终的目的就是要降低风险爆发的可能性,降低风险可能对人类造成的伤害。

科学发明是有风险的。创新是在走前人没有走过的路,难免会遇到困难,遭受挫折与失败。正如恩格斯所说的:"科学是一条崎岖的山路,没有平坦的路好走,只有不怕坎坷的人,才有希望到达光辉的顶点。"可见,要想有所创新,就要有一定的风险意识和冒险精神,要有为真理而奋斗,无所畏惧、不怕牺牲的崇高精神,为人类创新而不懈奋斗的信念,克服一切困难的勇气和百折不挠的意志,敢于幻想、试验、创新。

二、风险意识的培养方法

(一)加强风险意识教育

对风险的预见性及防范能力,在一定程度上反映出当代大学生的综合素质。高校应以人的全面发展为出发点,发挥对大学生进行风险意识教育的主渠道作用。立足当前社会大环境,结合学生自身实际,正确认识个人成长过程中可能遇到的各种风险,用身边的实例教育他们。

比如,不合理的饮食、缺乏运动、睡眠不足,将导致身体"亚健康"的风险;沉迷网络游戏,将导致学业难以顺利完成的风险;创新、创业、就业过程中可能遇到各种"陷阱",造成人身、财产风险等,使他们切实感受到风险无处不在,从而使他们正确地认识风险,形成正确的人生价值观和健全的人格素养。

在专业课教学过程中,教师应注重教学案例与风险意识的联系,培养学生随时随地均应具有风险意识。告诉他们,风险意识与本专业也是有密切联系的,在今后工作当中,具有风险意识是走向成功的重要条件。

(二)构建风险意识机制

在国内高校中,应建立专门的大学生心理健康咨询专业机构,健全风险咨询服务体系,完善创就业咨询、学习咨询、情感咨询等服务机构,保证经费投入,配备具有一定资质的专业人员,进行统一高效的管理和指导。引导大学生正确面对困境,提高大学生的风险意识与抗挫折能力,有效应对日益多样化的风险因素,使大学生能够自觉加强风险防范意识。建立和健全学生思想动态监控体系及时了解学生个体的思想及处境,对家庭情况特殊、个性偏激或内向的学生进行跟踪了解,做到有问题早发现早干预。还应建立大学生失败干预体系,当大学生在经济、情感、健康、创新、创业等方面出现问题时,进行及时劝导,引导学生正确面对来自各方面的挫折,积极探索减轻风险损害的途径。

(三)树立风险意识观念

风险具有较强的破坏性,会带来严重后果,是防范和规避的对象。不断抵御风险有助于积累经验、总结不足,更好地提升自我,实现新的发展和飞跃。尽管旧的风险解决了,但是新的风险还会出现,也是一种机会和创新动力。应正确认识风险,既要看到风险带来的挑战,增强对风险的预警,又要看到风险中孕育的机会与希望,树立科学的风险观,提高风险防范意识,增强抵御风险的能力,减少风险发生机会,降低风险带来的危害,促进自身更好地成长。

(四)养成敢冒风险的精神

富有冒险精神,指的是不满足于现状,不轻易服从于已有研究和现成结论,不受传统文化的约束,不迷信于权威及专家观点,敢于向其挑战,勇于开拓、不断进取、不懈追求的精神。它是创新的重要动力和心理保障。冒险的内涵表现为愿意承担合理的风险,有勇气、有魄力去探索新的想法,尝试新鲜事物,不断寻求挑战,不断寻找突破,敢于行动与拼搏,并接受创造过程中不稳定的外在环境与内心冲突,勇于承担行为后果。换言之,冒险即做别人没想过的、没做过的或未竟的事业。

胆怯会使人丧失创新的最佳良机。如元素周期分布表是门捷列夫发明的,而英国青年纽兰兹发现更早,因为胆怯、不敢冒险而放弃了进一步研究。数学家高斯在之前便独立完成了非欧几何,同样因为胆怯,一直不敢公布这项研究成果。在跨越创新领域的新境界时,需要勇敢无畏的精神、奉献与牺牲的胆略,惧怕风险、患得患失将与创新无缘,不具备挑战权威与传统的勇气是不可能创新的。

(五)形成抗挫败能力

失败对任何创造者来说,都是一种严峻考验。面对失败,该做出何种选择?失败对人有两重性,既有积极的激励作用,也有消极的作用积极方面,失败能引导人产生创造性变迁,增加韧性和解决问题的能力。创造才能的形成,既包含成功的经验,也包含失败的教训。爱迪生说:"失败也是我所需要的,它和成功一样对我有价值。只有在我知道一些不好的方法以后,才能知道做好一件事的方法是什么。"消极方面,失败会造成心理上的伤痛,多次失败后,会使人失去信心,出现焦虑忧郁的心境。意志薄弱者会失去热情,甚至自暴自弃。为尽可能消除消极的影响,有时遭到失败以后,可做短暂休整,改变一下环境,避免陷入烦恼、精神不振,然后,再以充沛的精力和热情,总结失败的经验教训,重整旗鼓;成功产生于失败之后再坚持一下的努力之中,只要爬起的次数比跌倒的次数多一次就是成功。一切创造者都应该记住:再坚持一下,与成功之间,可能只是一步之遥。然而,再迈出这一步,需要你坚强的毅力!

科学巨匠的发明与发现,都是失败多于成功。但他们不屈服于失败,从失败中寻找原因,吸取教训,修正认识,继续努力,才走向成功的彼岸。记住这样几个抗挫败的真实故事,对提高你的抗挫败能力将大有裨益。

法国科幻小说作家凡尔纳的处女作《气球上的五星期》起初没有一家出版社愿意出版。因为谁也没见过这种别具一格的科幻小说,在经历退稿无数次之后,他一气之下,把手稿丢进了火中。幸亏妻子及时抢出,安慰他:"我们再试一次如何?"当送到第20家出版社时,才遇上"伯乐"。这家出版商独具慧眼,看出这是一部天才作品,不仅立即出版,而且与凡尔纳签订了为期10年的合同,要凡尔纳把今后写的作品全部交给他出版。作品出版后,轰动文坛,各家出版社争相找凡尔纳签约。

英国物理学家汤姆逊致力于科学研究几十年,是科技佼佼者。他最大的体会是"我最艰辛的工作特点,用一个词概括,那就是'失败'。"汤姆逊铺设海底电缆十年,经历过多次失败:电缆折断、信号微弱、信号模糊不清等。公司耗费巨资,股东纷纷退股,公众舆论哗然,各种批评、指责接踵而至。汤姆逊只要稍有动摇,就可能彻底失败,但他最终以坚强的毅力顶住了压力和打击。公司总经理为他的精神所感动,决心继续试验,终于获得了成功。

在爱迪生之前,许多科学家研究过电灯,都没有成功,原因是找不到一种理想的灯丝材料。爱迪生为寻找一种合适的灯丝,就试验了 6 000 多种材料,研究上万次才将电灯发明成功。发明电灯只是他一生中 1 000 多件专利中的一种。可想而知,他一生经历过多少次失败。如果没有坚强的毅力,就经受不住这些失败,也就不会成为世界发明之王。

十几岁时,做生意失败;二十几岁时,角逐州议员落选,做生意再度失败;23岁时,爱侣去世,一度精神崩溃;26岁时,角逐联邦众议员落选;30岁时,角逐联邦众议员再度落选;35岁时,角逐联邦参议员落选;40岁时,提名副总统落选;45岁时,角逐联邦参议员再度落选;50岁时,当选美国总统,此人就是著名的美国总统林肯。如果面对一次又一次的失败,心灰意冷,最终能成为总统而名垂青史吗?

三、抵御风险的措施

(一)持续创新领先对手

创新可以引领成功,但是一旦创新的步伐落后于别的企业,你的企业就会迅速衰败下来。现实中企业如果获得了阶段性成功,就会招来大批竞争对手的模仿跟进,尤其是实力远大于自己的竞争对手的模仿跟进,会导致企业的失败。创业唯有不断创新,才能建立一种独一无二的优势,让竞争对手无法跟进和模仿,才能在激烈的竞争中始终立于不败之地。

(二)注意保护无形资产

品牌、专利、技术和经营者的智力成果、熟练员工等都是企业的无形资产。有些创业者只关注企业的有形资产,却无视对无形资产的保护,结果是自己生了半天火,却热了别人的炕头,使自己的企业遭受重创。要注意防止商业泄密;加强商标自我保护,防止恶意抢注;及时进行专利申请和版权保护等对无形资产的保护。

(三)与时俱进的得与失

创业过程中要不断"创新",发现市场存在的变动即"时变、位变、量变、因变、性变"等"空间价值环"投资项目。找到新的投资项目要比别人先一步"抢时占位",把握好机遇,在市场还未饱和的时候先发展起来,比别人先一步做到"与时俱进、与位俱进、与量俱进、与因俱进、与性俱进、与定俱进、与限俱进、与差俱进、与控俱进、与失俱进",成为人无我有、人有我先的"创新"企业。等到市场需求降下来的时候,要有"超前意识",该"失"就"失"。

(四)借助强者模仿创新

在创业的过程中,借助强者生存的法则是很有必要的。因为大企业有广大的客户群体,并有通畅的产品流通渠道,而小企业从资金、技术、人才等方面都显得缺乏,没有太大的竞争力。如果小企业找到大企业的共同利益,主动联盟,将竞争对手转化为依存伙伴,那么就可分享到大企业的利润大餐,并能不断地壮大自身。

模仿也是学习。每个企业都承认创新的重要性,然而,一旦创新付出的代价和成本高于创新所创造的价值,就不会给企业带来经济效益的增长。聪明的模仿可以让企业站得更稳、走得更快。模仿可以帮助企业避免不必要的风险,许多创业者起初都是通过模仿、跟风,在商品经济的大潮中攫取第一桶金。当然,仅靠简单的模仿是绝对不会取得成功的。

四、常见风险处理办法

当遇到某种风险时,学会灵活运用有效的风险处理方法、措施和手段,以最小的成本达成最大的安全保障,转危为安。常用的处理方法主要有避免、自留、预防、抑制、转嫁和规避。

(一)避免

避免是指设法回避损失发生的可能性,即从根本上消除特定的风险单位或中途放弃某些既有的风险单位。虽说风险总是与机遇并存,没有风险自然也就没有收益。但在风险带来的损失幅度过大或损失频率过高导致总体损失过大时,或用其他方法处理风险,成本大于收益时的情况下,消极的风险处理方法仍是可行的。

(二)自留

自留指对风险自我承担损失的一种方法,指企业或个体以其内部资源来弥补损失,非理性或理性地主动承担风险。在风险所致损失概率和幅度较低、损失短期内可以预测、最大损失不影响企业财务稳定性、其他风险处理成本高于风险自留成本时采用,甚为有效,因为一旦发生风险事故,可能会因为风险单位数量变化,导致财务无法实现处理风险的功效。这对决策者评估风险损失和企业实力是一个有力考验。

(三)预防

预防指在风险损失发生前为消除或减少可能引发损失的各种因素而采取的处理风险的具体措施,通过消除或减少风险因素而达到降低损失发生概率的目的。预防通常在损失频率高且损失幅度低时使用。在可行情况下,主要有改变风险因素、改变风险因素所处的环境、改变风险因素与所处环境相互作用的机制等三种预防方法。具体预防措施如下:一是工程物理法,指损失的预防措施侧重于风险预防物质因素的一种方法,如减少已经存在的风险因素、防止已经存在的风险因素释放能量等;二是人类行为法,指损失预防侧重于人类行为教育,如企业安全教育、消防培训等。

(四)抑制

抑制指采取措施使事故发生时或发生后能减少损失发生范围或损失严重程度,指将风险分割成很多小的独立单位而达到缩小损失幅度的一种方法。损失抑制常常是在损失幅度高且风险又无法避免或转嫁的情况下采用的各种自救和损失处理等。

(五)转嫁

转嫁指企业或个人为避免承担风险损失,有意识地将损失与损失有关财务后果转嫁给另一个单位或个人去承担风险的管理方式。一是保险转嫁,指向保险公司缴纳保险费,当风险事故发生时,保险人按照保单约定得到经济补偿;二是非保险转嫁,包括转让转嫁和合同转嫁转让转嫁用于投机风险,如当股市行情下跌时卖出手中的股票;合同转嫁用于企业将具风险的生产经营活动承包给他人,在合同中规定由对方承担风险损失赔偿责任,将自身所受到的损失降到最低。

对创新与创业而言,究竟选择哪种风险管理方式更合理,则需要根据风险评估结果和具体环境进行选择。对于损失金额很小的风险宜采用自留方式;对那些出现概率大,损失金额高的风险(如财产责任),宜采用转嫁方式;而对诸如人力资源风险、财务风险、项目选择风险、环境风险等宜采用预防和抑制方法。

(六)规避

创新创业过程是一个充满风险、艰辛与坎坷的过程,也是一个充满激情与喜悦的过程。创业致富离不开创新,新创企业要增强新产品的设计、开发能力,抢占市场竞争的制高点,应对未来挑战,离开创新是万万不行的。在创业初期,许多创业者都要面临激烈的市场竞争,竞争是不可避免的。竞争的最高境界不是与竞争对手面对面地对抗,也不是与对手拼个你死我活,而是学会寻求互惠共存之道,超越竞争对手,为自己开辟一个全新的领域和生存空间。面对强大的竞争对手,懂得妥协和低调,这是避免竞争风险、保存实力的最佳策略。

第五节　捕捉机遇意识的培养

一、机遇的内涵特征

机遇既是机会、时机,也是信息。信息可提供机遇,能否及时发现机遇、抓住机遇、利用机遇,是体现创造力的重要标志。信息无处不在,把捕捉机遇变成捕捉信息,就可以主动出击,获取更多有价值的信息,也就是机遇。很多重大发现、发明、创造,都是抓住机遇,利用机遇而取得的。

机遇千载难逢,已成为发明创造的关键性因素。有些人一遇到机会,就毫不犹豫地抓住它;而有些人虽遇到了同样的机会,但忽略了、放过了,与其失之交臂,悔恨终生。可见,捕捉机遇与一个人的观察力、分析力、思维力及个体素质呈正相关。正如著名微生物学家巴斯德所说:"在观察的领域中,机遇只偏爱那种有准备的头脑。"

由机遇产生的创造很多,如铀的放射性、莱顿瓶、硒光电池、氧气、尿素、尼龙、合成染料、火药棉、硝化甘油炸药、安全炸药、聚乙烯、免疫法、用胰岛素控制糖尿病、望远镜、纺织机、摩擦焊、浮法平板玻璃制造、聚四氟乙烯、微波炉、电话机、日本清酒、凡士林等。随着科学技术的发展,用科学理论指导科研日益加强,机遇发现比例虽然减少,但那些主要依靠观察方法的学科,新兴学科、交叉学科、研究对象比较复杂的学科,特别是在非科研领域,出现机遇的可能性会大一些,机遇仍不失为发明创新的机会与线索。

二、捕捉机遇的培养方法

（一）要有敏锐的观察力

敏锐的观察力就是要非常细心，不放过蛛丝马迹。机遇或信息是偶然的、突发的，甚至是瞬间即逝的，不具备敏锐的观察力，就很难抓住。

如弗莱明发现盘尼西林（青霉素），是发现霉菌中含有杀死葡萄球菌的物质，产生分离查出该物质真相的灵感。28 位科学家都报告过霉菌杀死葡萄球菌这个事实，但没有产生创造性分离查清该物质的灵感，就失去发现盘尼西林的机会。

（二）要有准确的判断能力

捕捉机遇的关键需要识别机遇，判断机遇，这就需要有准确的分析判断能力。因为机遇只是提供线索、信息和契机，只有对此做出识别、判断，并抓住希望点，研究开发，才能形成成果。此外，要注意采取正确的观察方法，排除观察中的假象与错觉干扰。比如，我们观察放在水中的筷子，会发现筷子在水中弯折，显然不是筷子真的弯折，而是一种假象。错觉是一种感觉上的失误。

德国科学家亨利·施瓦贝通过天文观察，认为在水星和太阳之间应该有一颗行星存在，带着这个研究目标，观察了多年，没找到预想中的行星，却意外发现了太阳黑子的活动情况。他针对这个发现做了进一步的研究，得出了太阳黑子活动周期的科学结论。由此，获得英国皇家天文学会授予的金质勋章。这是判断失误，却抓住机遇的一个典型案例。

（三）要有广博的知识经验

机遇是科学知识规律反映出的一种自然现象，人们要认识与捕捉它，需要具有系统广博的知识经验。比如同样的机遇现象，有人能认识到是机遇的来临，有的人则不以为然，这就表现为人与人之间的认识能力差别，即知识与经验的差别。大量的事实表明，边缘学科往往是机遇的"好发地"，而要在这些区域里开发出成果，广博知识显得尤为重要。可以说，具有丰富知识和经验的人，比只有某一种知识和经验的人更容易捕捉机遇。

（四）要有敏捷的思维

人们观察事物，不只是用眼睛看，用耳朵听，更重要的是要用脑子想。看、听、想为发现机遇创造了条件,敏捷的思维能帮助你透过现象看到本质。具体方法如下。

第一,勇于创新,不满足于现状。否则,就是机遇撞上了头,也不会有反应;第二,主动出击,捕捉机遇。捕捉机遇首先要有机遇,扩大机遇是非常重要的,机遇就是信息,或者说是信息提供机遇;第三,扩大活动范围,常中见奇。要捕捉有价值的信息,就要学会常中见奇的本领,从大家都能看得见的事物中,看出别人看不见的东西,提出别人提不出来的问题。

(五)要有目标和毅力

要善于把握,抓住时机;再苦再累,也不松手;一旦失去,不可再来。

我国著名地质学家李四光无论是开会、散步,还是考察、疗养,随时随地捕捉机遇,可谓足迹所至,皆有发现,在北碚公园发现一个小型的螺卷构造;在北京中山公园发现一个棋盘格式构造的典型标本;在庐山发现因自重而变形的小砾石;在太行山、黄山、鄱阳湖考察时,发现形谷、冰川擦痕,找到了中国存在第四纪冰川的证据。抓住这么多的机遇,说明头脑中有着强烈的问题意识,一遇到外界的触发,就能得到启示。

愚者错失机遇,智者能抓住机遇,更高一筹的是确定目标,开创机遇。

(六)抓住机遇动作要快

实施创新的秘诀是什么? 心理学家、哲学家威廉·詹姆士说:"那就是现在就去做,种下行动就会收获习惯,种下习惯便会收获性格,种下性格便会收获命运。"意思是说,习惯造就一个人,你可以选择、养成自己希望的任何习惯。只要一息尚存,就必须身体力行,无论何时必须行动。在你的潜意识里,要立刻行动。因为"创新"的要旨就在于"新",如果动作太慢,人家在你之前创出了,你的"新"就会变成"旧",就失去了"创新"的价值。贝尔申报电话发明专利几个小时后,就有其他人也来申报电话发明专利,这宝贵的几个小时成就了贝尔的一生事业。

一切有志于发明创造的人,都必须珍惜宝贵的时间,在有限的时间内,不畏劳苦,勤奋努力,才有可能开出创造之花,结成创造之果。威尔士先生就因为学到做事的窍门,不让灵感白白溜走,想到一个新意念时,立刻记下。即使半夜里发生,也等记下来后再睡觉,而成为一个多产作家。创新可先从小事上练习,养成"现在就去做"的良好习惯,你便会在紧要关头或有机会时很快抓住机遇。

第四章　高校大学生创新能力的形成机理

第一节　脑科学与创新心理理论

一、脑科学理论

人的创新能力的形成,必须以一定的生物学条件为基础。这个基础就是人的神经系统,特别是大脑。大脑是人的创新能力形成的物质基础,是人的创新能力发展的物质载体。大脑的生理解剖特点、生长发育规律等,在很大程度上影响着个体创新能力的形成和发展。离开了这个物质基础,人的创新能力的形成和发展就成了无源之水、无本之木。要探索人类创新能力的形成机理,首先必须考察人类创新能力形成的生理、心理基础(简称身心基础)。

大脑是物质高度进化的产物,是思维的器官,是人的一切智慧和行为的物质基础,是一切创新性活动的策源地。创新教育论以脑科学作为理论基础,了解大脑的结构,认识大脑的功能,对于更好地理解和开发人们的创新能力,培养和提高人们的创新性思维能力,具有十分重要的理论意义和现实意义。

(一)大脑的结构及其功能

大脑由左右两半球组成。左右两半球的重量占人脑全部重量的 60%,体积为整个中枢神经系统的 1/3。大脑半球的表面有无数深浅不同的沟或裂,其间是隆起的脑回。每个大脑半球的表面形态,可以概括为"三个面"(背外侧面、内侧面和底面)、"四个极"(额极、颞极、岛极和枕极)和"五个叶"(额叶、颞叶、顶叶、枕叶和岛叶)。大脑半球的表面由灰质覆盖称为大脑皮层,根据功能的不同,皮层可分为许多区,其中布鲁德曼的 52 个分区得到公认。这些区大体上可以概括为感觉区、运动区、言语区和联合区四个机能区域。

大脑两半球不仅在解剖上不对称,而且更为重要的是在功能上不对称。1981年诺贝尔奖获得者、美国的斯佩里教授通过大量的科学试验证明,大脑的左右两个半球具有不同的功能,各司其职,互不重复,互不代替。大脑的左半球是主管语言和抽象思维的中枢,它控制人体右侧的视觉、触觉和运动;大脑的右半球是主管形象思维的中枢,人体左侧的视觉、触觉和运动由大脑右半球控制,大脑左右两个半球虽然各有分工,但是大脑是作为一个整体而存在的,其左右两半球不是互不往来,而是相互联系、相辅相成的。一个完整的思维过程和信息在大脑中完整的活动过程仅靠一个半球是无法完成的,左、右脑之间由脑梁联系在一起,脑梁由4亿根神经纤维组成,起着联结左、右脑的联络网的作用,使左、右半球息息相通。

大脑的每个半球都具有自己独立的意识思想链和记忆,它们基本上是以不同的方式进行思维。如果切断左右两半球之间多达4亿根的神经纤维,右半球仍然可以进行相当独立的学习、记忆和形象思维活动。

大脑左半球主要进行运动语言的逻辑性思维,掌握着分析性思考,顺序性强,属于线性思维。其职责是负责人们进行读、写、算、分类整理等项活动。左半球善于抽象思维、逻辑思维、分析思维、集中思维。而右半球则用表象进行思维,是形象描绘的感性思维,直观判断统摄全面的思考,属于面性思维。右半球倾向于负责总体的、综合的、知觉的、具体的、类比的事项,善于想象、虚构、发散、求异和感受,其思维形式有形象思维、发散思维、直觉思维和灵感思维。

大脑左右两半球对创新性思维活动的过程来说都是必不可少的。人类大脑左、右两半球是既分工又协作的,它们共同完成了较低等动物的那些左右对称、无分工的大脑所永远无法完成的复杂、精细的任务。在完成这些任务的活动中,人类所表现出来的正是创新能力。可是,人们以往有一种偏见,认为形象思维是文学艺术家的事,而科学家所需要的只是抽象思维。无数事实证明,这种观点是错误的。文学艺术家虽然主要运用形象思维,但在整个思维过程中,抽象思维也或隐或显地发挥其作用。科学家虽然主要运用抽象思维,但也需要形象思维的帮助,科学上的创新发明,其实是不可能完全脱离形象思维的。这不仅见诸一些哲学家、科学家的有关论述,而且有大量的事实可考证。

(二)脑科学研究的最新成果对培养学生创新能力的启示

脑科学研究的最新成果,引起了人们的广泛注意和兴趣,也给创新教育带来了一个重要的启示:创新能力应当与脑科学挂钩,应当建立在脑科学研究的最新成果的基础之上。

长期以来,我们的教育理论"重左轻右",片面强调左脑在创新性思维中的作用,忽视右脑的训练,其结果是学生的右脑思维能力得不到平衡和协调发展,使学生形成只习惯于用左脑进行思维的定势,缺乏创新性和开拓性。今天,脑科学的发展使我们越来越接近对大脑的真理性认识:大脑在结构上是一个系统,在功能上也是紧密联系着的,每一种功能的发展都受制于其他功能的发展。创新性思维也是如此。所以,在当前的教育改革中,我们只有科学、正确、合理地开发和利用学生大脑功能,才能使学生左右脑思维得到平衡、协调发展,发挥出最佳的创新性思维能力。

▶▶ 1. 培养学生右脑的创新性思维能力

大脑右半球在人类创新活动中的重要地位已为今天的脑科学发展所证实,而传统的思维方式和教育方式,只是着意运用和发展左脑的功能,右脑的作用被忽视和抑制了。学生缺乏想象力、直觉能力、审美能力和审美逻辑的训练与实践,只是单纯地强调公式符号、形式逻辑、死记硬背、注经释句,禁锢了生动活泼的创新精神。因而,一定意义上说,开发创新的重点是开发右脑思维。因此,创新教育必须注重培养学生右脑的创新性思维能力。

▶▶ 2. 加强对学生右脑的训练,从而使学生的思维能力得到全面发展

由于大脑左右两半球功能和思维特征各不相同,因此只有两半球都得到平衡、协调的训练,人的思维能力才能得到全面的发展。从系统论角度来说,大脑是世界上进化程度最高,包含信息量最大的复杂系统,而其中的左脑和右脑是这个复杂系统中的两个子系统。创新教育实质上就是调节和控制大脑系统的发展,使其发展方向符合社会的需要,但是作为一个完整的系统,只有系统中的各个元素协调发展时,才能发挥系统的整体功能。因此,创新教育只有使学生左脑和右脑两个子系统协调发展,才能发挥出学生大脑这个复杂系统的整体效益。

▶▶ 3. 重视大脑左右两半球的平衡、协调发展,才能使学生创新性地解决问题或创新性地学习

大脑左右两半球对作为创新性地解决问题或创新性地学习的活动过程而言都是需要的。一个大脑不健全不协调的学生是缺乏创新性的,因为其右脑的许多功能没有被利用。当今左脑功能的大部分,例如计算、书写、装配机器等工作,正在被各种各样的计算机所代替。在计算机所不能代替的领域中,人若不能在如产生新的设想、进行直觉综合判断等方面使用右脑,那就会成为大脑功能不健全不协调的人。

>>> **4. 改革教学方法,设计和运用能促进左、右脑思维能力平衡、协调发展的新的教学方法**

第一,新的教学方法应保证学生的左右脑在教学过程中都得到训练。第二,教师在教学过程中应使学生的左右脑都处于积极、同步的思考状态。据研究,当左右脑思维不同步、大脑新旧皮质不协调时,人们会感到不舒服,注意力分散,工作效率低。只有左右脑达到同步、新旧皮质平衡协调时,大脑才处于最佳工作状态。在这种状态下,人们感到心情舒畅,头脑清醒,学习效率高,此时是发挥创新性思维的最佳时机。为此,教学过程中教师应善于应用语言信息和非语言信息来"激活"学生的左脑和右脑,并根据学生的语言信息反馈和非语言信息反馈及时调控教学过程。教师讲课要"声情并茂""图文并茂",启发学生积极思考,激发学生的求知欲,以调动学生的左右脑进行积极的思维活动。第三,教师在教学中要善于为学生提供较多的思考和活动机会,充分发扬教学民主,使学生养成批判性思考的习惯,引导学生不断地怀疑并设法释疑,给学生创设有利于培养创新意识的学习条件,鼓励学生创新性地学习。在考试方面,不仅要考核学生的基本知识和基本技能,而且要考核他们的独立思考能力、独立判断能力、直觉形象思维能力和实际操作能力。

>>> **5. 开设有利于右脑开发的课程,如思维训练、创新活动课程等**

通过这些课程比较系统地将开发右脑思维的原理、方法传授给学生,学生经过系统的训练即可达到提高右脑思维能力的目的。通过开展绘画、小制作、小发明等活动课程,可以提高学生右脑的思维能力。如果学生能有意识地多用左手和身体左侧的其他器官,更能促进右脑的发展,因为右脑控制身体的左侧,从而促进右脑思维的发展。我们应该加强对学生运用右脑的训练,唤醒似乎沉睡中的右脑,以培养学生敏锐的直觉能力和丰富的想象能力,以获取创新性的灵感,使左右脑思维能力得到平衡。

总之,开发大脑,发挥其潜力,提高学生创新力的方法和措施是多种多样的,只要我们弄清了大脑左右两半球的功能与特点,认识到两者在创新性活动中的不同作用,就能结合各自存在的具体问题、具体情况,制定出切实有效的措施来,并能在实践中取得应有的效果。

二、创新心理学理论

脑科学理论表明:脑产生心,即人的心理现象是由人的大脑产生的。讲得具体一些,人之所以有心理活动,即有意识、能思维,从其生理基础来说,是因为有了一个发达的大脑,大脑是人的心理活动和精神世界的物质载体。而创新心理学是研究创新心理活动及其规律的一门学科,遵循人的心理活动整体性的原则。创新心理学既要研究创新心理活动中属于人的意向活动的冲动、注意、动机、情感、意志等,又要研究属于人的认识活动的感觉、知觉、回忆、思维等,同时还把属于半主观半客观的行动及行为动作纳入其研究范围。

(一)创新心理过程

关于创新的心理过程,国外专家做了较多研究,现介绍如下。

第一,加拿大的内分泌专家塞利尔曾把它与生产过程相类比,提出了一个意味深长的"七阶段"模式,这就是:①恋爱与情欲:指科学家追求真理的强烈愿望与高度的热情;②受胎:指发现问题,提出问题及资料的准备;③怀孕:指科学家孕育着新的思想,开始时,甚至科学家自己也可能没有意识到;④痛苦的产前阵痛:这种独特的"答案临近感",只有真正的创新者才能感受到;⑤分娩:令人愉快和满足的新思想终于诞生;⑥查看和检验:像检验新生婴儿一样,使新思想受到逻辑的和实验的验证;⑦生活:新思想受到考验并证明了自己的生命力后,便开始独立生存,且有可能被广泛接受。

塞利尔先生的这一比喻是生动的,事实也正是如此。

美国心理学家格雷厄姆·华莱士认为,无论科学的或艺术的创新,一般都要经过四个阶段,即准备期—酝酿期—明朗期—验证期。

第二,苏联学者戈加内夫提出的五阶段模式是:提出问题—努力解决—潜伏—顿悟—验证。

第三,苏联创新心理学家 A.H.卢克提出的五阶段模式是:明确地提出问题—搜索相关信息—酝酿—顿悟—检验。

细细品味这些提法,不难发现,上述"明朗""豁朗""顿悟"等实际上就是跟我们所说的"突变"大同小异。这也意味着,世界各国的研究者们,都认定在创新过程中存在着突变现象与突变机理。何谓"突变"?从苦苦寻觅到不达目的决不罢休的努力拼搏,从苦苦探索到不达目的决不止步的长途跋涉,追求者离目标越来越近,其思路越来越合理,于是,终于到了那么一个关键的时刻,随着灵感的突然闪现,追求者恍然大悟、豁然开朗。这就是对"突变"的一个最通俗也最深刻的解释。从哲学的角度看,就是人的认识在某种外力的强作用下,突然间发生了质的飞跃。当然,这个因灵感突至而恍然大悟的人,必定是一个为了某种神圣的目标而孜孜不倦地追求和奋斗着的人。也正是这种不断的追求,才为"突变"的到来准备了足够的"势能",所谓"灵感不理睬懒汉",指的就是这个意思。

这种突变现象与突变机理,也的确是创新发明过程中的常见现象。在谈及作诗和做学问的三种境界时,王国维曾说过:"古今之成大事业、大学问者,必经过三种之境界:'昨夜西风凋碧树。独上高楼,望尽天涯路。'此第一境也。'衣带渐宽终不悔,为伊消得人憔悴。'此第二境也。'众里寻他千百度,蓦然回首,那人却在,灯火阑珊处。'此第三境也。"很显然,王国维巧妙地借用了宋代词人晏殊、柳永、辛弃疾的这三句词,意在表明创新的过程——首先要放眼四望,永不满足,进行广泛的涉猎积累,并希望找到解决问题的途径;然后,为了找到答案而上下求索,废寝忘食,即便因此而日渐消瘦也决不止步;最后,经过长期思索和不断追求,突然出现了认识的飞跃,获得顿悟,产生了灵感,一个新的构想、新的思路、新的创新也就随之出现了,这个突然闪光的时刻,就是我们所说的"突变"。

单独看,创新发明的成功是刹那间的事,然而这个刹那间的辉煌绝不是唾手可得的,而是经过了长期的积累、奋斗、求索及拼搏才得到的。这偶然得到的灵感与创新,乃是长期求索的必然结果。

因此,创新过程中的"突变"绝不意味着突然之间的成功,而应该理解为苦苦求索后的那种"豁然开朗"与"柳暗花明",这种突然,看似偶然,其实必然。正如烧开水,当水温达到一百摄氏度时,水突然开了,这个一百度是不断加温的必然结果。因此,当我们对创新过程中的突然成功悠然神往时,应该意识到,为了这片刻的辉煌要付出巨大的努力。

(二)创新心理的作用机理

人的认识活动常常是与意向活动结合在一起发生的,意向是认识指引下的意向,认识是意向主导下的认识。把创新心理学的研究对象局限为认识活动,放弃意向活动的研究,忽视情感、意志等对创新思维的影响显然是十分片面的。因为人的创新活动总是伴随着一定的感情、意志等心理活动,换言之,创新感情与创新意志是开展创新活动的两个必不可少的前提。因此我们必须了解创新心理的作用机理。

》 1. 关于创新感情

所谓创新感情,是指人们在创新过程中的一种特定的感情体验,是在人的基本感情(如激情、热情、心境)和高级社会感情(如道德感、理智感、美感)的基础上形成发展起来的促进创新活动的积极的感情活动。创新感情具有以下 5 个方面的特性。

（1）明确清晰的倾向性

创新活动是人类最高级的社会活动,创新是推动人类社会前进的动力。从这个意义上看,任何创新都有其不可磨灭的价值——它不仅意味着创新者个人的成功,也意味着创新者对人类的贡献。因此,创新者的感情总是具有明确的指向,为了创新发明的成功,他们总是一心扑在事业上,全力以赴,不达目的誓不罢休。

（2）始终如一的专注性

所谓专注,是说创新者在创新过程中的执着追求,表现为废寝忘食,如醉如痴,一旦投入,就会乐此不疲,除了工作,其他的一切都不可能让创新者分神;显然,这种全心全意的心理状态是创新得以完成的重要保证。

（3）百折不挠的稳固性

所谓稳固,是说创新者的创新不是刹那间的心血来潮,而是经过长期思索之后的"攻坚行为",攻坚目标一旦确立,就会常攻不懈,决不会因为困难与挫折而偃旗息鼓,半途而废,这种不达目标决不动摇的心理,有助于创新者不断地扩大战果,开拓新的局面。

（4）变幻万千的复杂性

所谓复杂,是说创新者在发明创新的全过程中,感情世界充满了酸甜苦辣等种种感受。既有面对问题百思不解时的焦虑,也有灵感忽至豁然开朗时的狂喜,既有出师不利或久攻不克时的烦恼,也有大功告成凯歌高奏时的欢乐,这个感情世界的"赤橙黄绿青蓝紫"完全可用"丰富多彩""惊心动魄"之类的形容词描绘。

（5）立竿见影的高效性

所谓高效,是说由于创新者的不懈努力,常常可以在短时期内攻克某个曾经被人思考过许久的难题,并由此给社会和人类带来新的效益,当然,这种高效性是用创新者的生命之火点燃的,创新者的热情越高,这种高效性也就越大。

▶▶ 2. 关于创新意志

意志是人们为了达到既定目的而自觉努力的心理状态,是人们主观能动性的突出表现。意志在对人们行动的调节和控制方面,具有发动和制止的双重作用。前者能促进人们的某些行动以达到预定目标,后者则制止人们的某些行动以避免偏离预定目标。意志不仅能调节人们的外部行动,而且能调节人们的心理状态。

所谓创新意志,是指伴随创新活动并作用于创新活动的意志,即创新者尽最大努力坚决克服一切困难以期实现创新目标的心理过程。创新意志的作用突出体现在两个方面：一是鼓励立志的动力作用，二是对创新行动的调节作用。前者有助于激发创新者的热情，使之始终保持强烈持久的进取状态，百折不挠，奋战到底；后者有助于创新者因势利导及时调整自己的行动，帮助创新者战胜因失败导致的消极情绪，鼓励创新者冲破一切艰难险阻，勇往直前，达到预期的目的。创新意志的品质主要包括自觉性、果断性、顽强性、自制力等。

（1）自觉性

所谓自觉性，是说创新者对创新活动的目的有明确而深刻的认识，乐于充分发挥自己的主观能动性，能一如既往地保持很高的热情和进取的状态，把创新看得高于一切，不达目的决不罢休。

（2）果断性

所谓果断性，是说创新者善于明辨是非，能及时迅速地做出判断，并立即采取果断的行动。在创新的全过程中，他们不优柔寡断，不瞻前顾后，而是当断则断，斩钉截铁。

（3）顽强性

所谓顽强性，是说创新者在创新过程中具有百折不挠、拼搏到底的奋斗精神，有了这种精神他们就能藐视一切困难，战胜一切艰险，从容坦然地面对可能遭到的失败。

（4）自制力

所谓自制力，是说创新者善于控制自己的情绪，能理智地支配自己的行为，有了这种理智，才能在创新的全过程中，战胜可能出现的焦躁、悲观等消极情绪，始终保持良好的创新心态，从而以最佳的精神风貌去"过关斩将"，不断开拓。

总之，坚不可摧的创新意志，是创新者必不可少的精神支柱。

通过创新心理过程、创新心理的作用机理的介绍，可以看出，掌握创新心理学的基本理论、基本知识，有利于我们从更深的层次上理解创新能力的培养。

（三）当代大学生创新心理的调适

▶▶ 1. 当代大学生的一些创新心理特征

大学生的生理因素、心理因素确定了他们正处于最佳创新年龄的开始阶段和最佳创新竞赛的起跑阶段，他们对创新活动和创新成果充满渴望，其创新心理正在萌发和觉醒，并表现出以下一些发展特征。

（1）思维敏捷，但不会用创新性思维进行引导

大学生经过小学、中学到大学的长期系统的学习，其理性思维和逻辑思维高度发展，他们好奇心强、求知欲旺，思维敏捷、反应迅速，对新事物特别向往。但由于他们的思维方式往往停留在线性思维阶段，考虑问题的方式常常是单一、垂直或直达式的，因而虽然思维敏捷，但缺乏灵活性、准确性、全面性和有效性，难以获得理想的思维效果。

当代大学生还不善于运用诸如形象思维、发散思维、逆向思维、灵感思维、联想思维、类比思维和侧向思维及分合思维等创新性思维，加上知识面较为狭窄、创新力较为薄弱、工作经验较为贫乏、生活阅历较为浅薄，从而影响到大学生创新性思维的顺利发展。为提高大学生群体的创新力，开展创新性思维方式的培养及掌握创新性思维方式的应用是极为必要的。

（2）想象丰富，但不会用创新性能力进行牵引

想象是人脑在原有感性形象的基础上创新出新形象的心理过程。在人类生活中离开想象，就不可能有预见和发明。如同其他青年群体一样，大学生也特别富于想象，但由于他们缺乏创新性想象的牵引，因而他们的想象难以上档次、上水平。

一般来说，随着大学生知识的增多和经验的积累，其想象力会逐渐丰富，他们很容易产生对历史的追溯和对未来的遐想。但遗憾的是，他们的创新性思维和创新性能力还没有同步增长，所以他们的种种想象极易受到原有知识和经验的束缚，不能独立地产生新思维、新概念、新形象和新方法。在学习时，他们还往往沿用过去"死记硬背""临阵磨枪"式的老方法；在工作时，他们也常常沿袭往日"生搬硬套""照章办理"式的旧套路。这说明，大学生在根本上还没有发挥创新性想象的能动性，他们还有待加强对其想象能力的培养。

（3）具有灵感，但不会用创新性手段进行把握

灵感是人们在长期的脑力劳动中，特别是在创新性劳动中，经过超常思考和过量思考，使大脑皮层建立起许多暂时联系，然后在某种偶然因素的激发之下，对问题产生突如其来的顿悟和理解。它是人们进行长期创新性思维和创新性实践的必然产物，是创新者应得的劳动果实。

具有较高智力水平并喜欢进行耐心思考的大学生，产生灵感不足为奇，但大学生并不善于用创新性手段捕捉灵感。由于灵感是一种稍纵即逝的思维现象，大学生往往忽视它的存在，更不会及时把握和充分利用。在许多大学生心目中，灵感始终是神秘莫测、高不可攀的，他们没有认识到，灵感既有规律可循，又有办法捕捉。

由于在认识上存在误区,大学生的灵感资源常常付诸东流。他们常有这样的体验,当灵感如电光石火突然在大脑中闪烁时,他们往往会察觉不了、捕捉不到,以致灵感像一位被怠慢的客人愤然离去,留下他们徒呼奈何。

(4)急于创新,但不会用创新性方法进行支持

高等院校是高新科技的集散地和创新发明的孵化器。在大学校园里,既汇集着先进的科研设备,又充满着强烈的竞争氛围,大学生确实想拼搏一番。对于志向高远、抱负不凡的大学生来说,证实自身价值的最好机会就是有所发明、有所创新。他们既想在学习中创新好成绩和好方法,也想在工作中创新好经验和好成果,其心可喜、其志可嘉。但大学生常常不会充分利用高校的有利条件进行创新,他们缺乏与经验丰富的教师展开讨论,也缺乏与不同专业的同学展开交流,只凭个人的满腔热情和苦思冥想,就幻想取得创新的成功。由于他们没有创新性方法作为行动指导,并且缺乏新知识和新技能的支持,他们的创新行动大多会以失败告终。

▶▶ 2. 当代大学生创新心理的正确调适

我国高等教育的主要任务是要使大学生拓宽理论基础、掌握专业知识、提高科学素养、培养创新能力,成为创新型和复合型的新型人才。为实现这一目标,大学生必须克服创新心理方面存在的障碍和改善创新心理方面现有的品质,即应该在以下两个方面进行有关创新心理的正确调适。

(1)大学生创新心理障碍的调适

大学生群体是一座饱含创新财富的金矿,但这些宝贵的矿藏需要经过开采和挖掘、筛选和精炼才能成为闪光的金子。

良好的创新心理是开发大学生自我创新潜能的助推器,相反,也有一些心理障碍会阻止大学生创新潜力的发挥,因此必须清除这些心理障碍。

1)破除定式思维

思维是一切智力活动的核心,它在大学生创新活动中起着主导作用。思维既有积极的一面,也有消极的一面,当大学生发挥思维的能动性和创新性时,它就能转化成推动创新活动开展的动力,但当大学生为思维的惰性所困时,就容易形成思维定式,成为阻碍大学生创新力发挥的重要心理障碍。

所谓思维定式或定式思维,实际上就是一种习惯性思维,其成因是受思维固执性、单一性和守旧性的影响,主要表现为:思路单一、头脑僵化、观点陈旧、理论过时。有了思维定式的人,常常按习惯的思维模式考虑问题,他们不能根据思考

对象的实际情况灵活改变思维模式和思维方法,因而容易使自己陷入思路闭塞、思想僵化的困境。

有些大学生如饥似渴地学习知识、积累知识,但在运用知识时却难以突破原有知识框架的习惯性局限,他们对知识的既定含义和思维的习惯方式奉若神明,不敢越雷池半步。对于这些大学生,如若不能破除思维定式的障碍,将严重影响其创新力的开发。美国心理学家贝尔纳认为:"构成我们学习最大障碍的是已知的东西,而不是未知的东西。"为了改变思维定式的不利状况,大学生应加强在以下方面的自我锻炼:①不断吸纳新思维精髓,扩大知识来源;②不断培养新思维精神,保持进取心态;③不断研究新思维方式,突破习惯束缚。

除此以外,大学生还得经常有意识地使用多种思维方式,甚至应当尝试自己不熟悉或不喜欢的思维方式以破除思维定式所带来的刻板性、僵化性和固定性。

2)消灭畏难情绪

创新是一项充满艰辛、充满危险的事业。科学家贝弗里奇曾经说过,"发现者,尤其是一个初出茅庐的年轻发现者,需要勇气才能无视他人的冷漠和怀疑,才能坚信自己发现的意义,并把研究继续下去"。由于无论是自然科学还是社会科学领域内的新发现、新发明和新创新,总是同传统观念、习惯势力或公认准则、现行标准相对立、相抵触的,因而难免要遭到非难和指责,有时甚至会遭到迫害和打击。对于涉世未深的大学生来说,面临创新活动所带来的重重压力,很可能会产生畏难情绪,从而使他们在创新的紧要关头,患得患失、畏缩不前。

发明和创新从来就是一把双刃剑,它既可以给人带来成功的辉煌,也可以给人带来失败的凄凉。科学研究的不确定性决定了任何发明创新都是一项高风险的事业。大学生开展创新活动,随时都可能遇到危机,有的人在危机面前,头颅低了、脊梁弯了,畏难情绪使他们望风披靡、临阵脱逃。

畏难情绪是一种伤害大学生创新意识的毒剂,它会使大学生安于现状、不思进取,远离创新的前沿阵地。为了振奋大学生的创新意志,必须消灭畏难情绪。大学生应当懂得,创新是不怕失败的。既然我们从事的是前所未有的发明和创新,就不可能一帆风顺、一蹴而就。为了弄清雷电之谜,俄罗斯科学家利赫曼在风雨交加的旷野中继续试验,终致触电身亡。为了研制安全炸药,瑞典科学家诺贝尔在孤独飘零的小艇上坚持工作,数次死里逃生。他们在创新面前从来都是知难而进。

大学生应对创新过程中的艰难有所准备而不是有所畏惧,应该客观评价困难而不是盲目夸大困难。要敢于尝试、勇于实践,并能正确认识失败。须知,失败也是一种成果,它起码告诉大学生此路不通,并且还为大学生今后创新成功提供参考资料和反面教材。况且,大学生的主要任务是培养创新性思维和创新性能力,重在参与而非成绩、重在过程而非结果。即便创新遇到挫折,也不会受到太多指责,因此,大学生大可不必因惧怕失败而放弃创新。

3)克服自卑心理

我国目前在校的大学生多属"抱大的一代"。由于我国在广大城市实行计划生育,很多大学生是独生子女,在家是宠儿,在校是重点保护对象,以致容易养成以自我为中心的高傲心理。但进入大学以后,高手云集、尖子成堆,激烈的竞争常常会使这些学生的自负心理受挫,从而感到紧张、焦虑,甚至自卑。当自卑心理发展严重时,这些人就容易形成自惭形秽、自我封闭、自我否定的心理态势。尤其是在开发创新能力方面,一旦形成自卑心理,就极易造成对创新的高估和对自我能力的低估,从而出现巨大反差,使他们失去创新的自信。

有自卑心理的人,往往认为创新高不可攀,非等闲人士所能问津。在他们看来,自己才智平平,要想有所创新简直是天方夜谭、匪夷所思。由于自卑心理作怪,这些人创新意识薄弱、创新灵感麻痹、创新机能退化、创新欲望降低,逐渐对创新无所用心。

实际上,"尺有所短""寸有所长",每一个人都有自己的优势和强项,大学生完全不能、也完全不必让自卑心理去侵害自己的心灵,要树立起正确的创新观和认识观。要学会用自己的长处来鼓舞自己不要自卑,用自己的短处来警诫自己不要自满。古人曾说:"疑人轻己者皆内不足。"因此,大学生应注意克服自卑心理,要始终不渝地坚信:"天生我材必有用。"

4)改变懒惰习性

离开艰难曲折的探索,离开坚持不懈的努力,离开不畏艰险的尝试,就试图取得创新的成功,无疑是缘木求鱼、痴人说梦。创新源于勤奋,创新憎恶懒惰,创新从来就只垂青于勤奋者。但有的大学生,懒惰成习、懈怠成性,他们不愿做艰苦的创新探索和繁杂的发明尝试。他们宁愿整天无所事事、虚度年华,也不愿振作精神,投入到创新的实践中去。这些人往往沉浸于异想天开、不切实际的幻想之中,指望创新的灵感能够不期而遇,希望不花力气或少花力气就能毕其功于一役。思想上的懒惰和行动上的懈怠,使他们失去了进取精神和开拓意志,从而难以在创新方面有所作为。"天道酬勤",这是一条事物发展的规律。只有破除懒惰习性和懈怠心理,才能使大学生将远大的抱负、求实的精神和勤奋的作风结合起来。因此,大学生应该做好长期探索、刻苦追求的精神准备,要勤于思考、勤于探索、勤于实践和勤于创新,养成多想、多问、多写、多干的习惯,使懒惰和懈怠无藏身之所。

(2)大学生创新心理品质的调适

大学生优良的创新心理品质既来源于他们在创新活动中所形成的创新型人才结构和创新性思维能力,又作用于这种创新型人才结构和创新性思维能力,使其趋于完善和全面。

创新学的研究成果表明,大学生的创新心理品质是他们创新人格的核心组成部分,该部分对大学生创新活动的开展和调适可以产生巨大的推动和支持作用。创新心理品质的好坏,往往决定着大学生创新力开发与培养的成败,因此,大学生应该不断加强自身创新心理品质的修养,全面提高自己的创新心理品质。

1)树立造福人类、献身科学的远大理想

无产阶级革命家吴玉章曾说:"人生在世,事业为重。一息尚存,绝不松劲。东风得势,时代更新。趁此时机,奋勇前进。"古往今来,任何时期、任何阶级及任何领域的人才,都有着自己的事业目标和远大理想。崇高的理想和伟大的志向是推动大学生开展创新活动的精神动力,它能够使大学生克服困难、排除障碍、知难而进。大学时代是大学生树立正确理想和信念的重要时期,而远大理想和坚定信念是培养大学生创新意志的前提条件。人的意志都是在一定的思想动机支配下产生的,而正确高尚的动机来源于崇高的理想和伟大的志向。在人的行为过程中,目的是使行为克服艰难险阻的力量源泉。

大学生的崇高理想应与国家的前途、社会的发展、人民的需要相吻合,其根本落脚点应在造福人类、献身科学之上。美国发明家爱迪生曾说:"我的人生哲学是工作,我要揭开大自然的奥秘,并以此为人类造福。我们在世的短暂一生中,我不知道还有什么比这种服务更好的了。"正是造福人类、献身科学这种崇高目的,才能使大学生自觉把个人利益放在国家和民族的利益之后,把个人事业融入社会和集体的事业之中。

我国隋唐时期的著名医药学家孙思邈堪称造福人类、献身医学的楷模。唐太宗曾在赐真人孙思邈颂中说:"凿开径路,名魁大医。羽翼三圣,调和四时。降龙伏虎,拯衰救危。巍巍堂堂,百代之师。"孙思邈之所以能获得如此崇高的评价,从根本上看,是因为他志向远大、医德高尚,把救死扶伤当作是学医和行医的最高目标。孙思邈在解释为什么将自己的两本医药学著作取名为《千金要方》和《千金翼方》时说:"人命至重,有贵千金,一方济之,德逾于此,故以为名也。"在孙思邈看来,人的生命是世间最可宝贵的东西,比千金还要珍贵。如果能用一剂药方来拯救人的生命,所积的德行远远超过千金的价值。正是这种造福人类的伟大理想,给了孙思邈源源不断的精神动力,造就了他万世医表的形象。

2)确定淡泊名利、不计得失的人生态度

高尚的情操常常能使人的创新人格升华,使其不仅在科学发现上有所作为,而且在为人处世上也成为表率。对于有志于创新的大学生来说,淡泊名利、不计得失、埋头苦干、甘于奉献的精神和态度,将是成功的阶梯。在谈及此事时,居里夫人曾斩钉截铁地说:"我们决不能违反科学精神,决不能从中牟利。我决定把它献给全人类。"

与居里夫人高尚人格成鲜明反比的是欺世盗名、害人害己的美国人斯佩克特。1981 年,美国康奈尔大学年轻的博士研究生斯佩克特提出了一种关于肿瘤起因的"新理论"。该理论认为,正常细胞中存在一种没有活性的特殊蛋白激酶,平时无声无息、无毒无害。但当肿瘤病毒入侵以后,这种蛋白激酶便被激活,产生毒性,从而引起细胞癌变。该理论一经发表,便在医学界和新闻界引起极大轰动,人们纷纷议论癌变的成因找到了,攻克癌症的时机到来了。美国主要报刊更是连篇大肆宣传这位"科技新星",甚至鼓吹斯佩克特和他的导师雷克应该成为诺贝尔医学奖的候选人。

此时,有一位品行端正、学风严谨的人在密切关注着事情的发展。他名叫彭品斯基,是生化专业的博士研究生,也是斯佩克特的合作者。他采用斯佩克特同样的方法进行实验,却得不到斯佩克特宣称的结果。彭品斯基反复核对了自己的实验步骤,确信没有任何漏洞,那问题出在什么地方呢? 为什么斯佩克特单独操作时就能获得成功呢?

彭品斯基将此事原原本本告诉了自己的导师沃格特,他们决心找出其中的"奥秘"。师徒两人仔细分析了实验的各个环节,终于在一个关键步骤中抓到了斯佩克特的"狐狸尾巴"。原来,斯佩克特为了名利双收,竟然在实验中弄虚作假,用同位素碘代替同位素磷来追踪细胞中的一种关键酶,而实际上这种酶根本就不会与碘结合发生反应,于是就出现斯佩克特所宣称的实验结果。真相终于大白于天下,原本具备大好发展前途的斯佩克特理所当然地落个身败名裂的下场。

大学生应建立正确的名利观,应向那些具有高尚科学道德、治学态度和敬业精神的人学习,正确处理创新活动中的利益关系,不因名而减弱创新动力,不因利而丧失创新精神。

3)培养知行统一、严谨求实的工作精神

大学生应将创新精神与创新活动有效结合起来,注意培养知行统一、严谨求实的学习方法和工作精神。在造就创新型人才的过程中,重视对创新学理论的学习和研究与加强对创新力开发的实践和探索应当并行不悖。大学生既要注重从书本上、课堂里汲取创新的知识,也要注重从书本外、社会中积累创新的经验。科学、系统的创新学理论,是对创新对象的本质、规律的正确认识,它对创新活动的开展具有一定的预见和指导作用。许多人都懂得理论的重要,法国生物学家巴斯德就曾说过:"没有理论,实验就不过是例行常规罢了。"但大学生一定要牢记,实践出真知,实践长才干。俄罗斯化学家罗蒙诺索夫曾说:"真正的化学家应该是理论家兼实践家。"

社会是创新的广阔天地,需要是创新的强大动力。大学生应将理论与实践密切结合,用创新理论指导创新实践,再用创新实践推进创新理论。在创新实践中验证自己的创新思维,并在创新活动中提高自己的创新能力。

4)加强深沉独到、勇于创新的理论涵养

坚实的基础知识、完善的能力结构都是大学生成材的必要条件,但还需有深沉独到、勇于创新的理论涵养才能使大学生的培养模式更为合理。我国清朝著名医学家程国彭曾说:"思贵专一,不容浅尝者问津;学贵沉潜,不容浮躁者涉猎。"

对于大学生来说,"理性智慧"是一种宝贵的品质,它可把人们对有关创新对象的独到见解和丰富知识融合起来,形成一种新的创新想象,进而推动创新活动的开展。在科技发展史上,运用理性智慧导致思维创新的事例比比皆是。德国数学家希尔伯特就是一位善于用"理性智慧"推动数学发展的伟人。

深沉的理性涵养、独到的理性见解、创新的理性认识可以使大学生的思维具有前所未有的穿透力。因此,大学生要努力培养自己的"理性智慧",重视创新学理论的学习和运用,并主动在实践中检验理论水平的掌握和使用情况,促进创新实践的顺利进行。

5)提高超越自我、不断进取的思想水平

创新是永无止境的事业。大学生必须树立超越自我、不断进取的目标才能激励自己在创新的攀登途中奋斗不止。一般说来,大学生的进取精神由旺盛的求知欲、强烈的好奇心、突出的上进心等因素组成,这些是使大学生保持进取的强大动力。但光有进取心还不足以使大学生成为合格的创新型人才,他们还必须具有超越自我的自信与魄力。世界上最好走的路是下坡路,世界上最难办的事是超越自我、战胜自我。在创新过程中,大学生必须学会自我转换、自我否定和自我超越,这样才不致在思想上和行动上停滞不前。

大学生应树立学无止境、创无止境的思想,应敢于并乐于向自己的观点和成就挑战,应在不断否定自我中使自己的创新性思维获得新生、实现超越。

第二节　思维科学理论

一、思维的含义及其形式

在现在通行的科学分类中,一般把研究人类思维现象的学科称为思维科学。而思维是思维科学中的核心概念。什么是思维呢?具体来说,思维,就是人脑的机能,是从社会实践中产生的人类特有的一种精神活动,是在表象、概念的基础上进行分析、判断、推理等认识活动的过程。从认知科学的观点看,人的思维活动是人的整个认知心理过程的一部分,是人的认知心理过程的最高形式,也是人的一切心理活动的核心。因为人的心理活动的一个重要特点就是它能自觉到自己的心理活动本身,也就是存在着人的自觉意识。而只有人的认知心理达到思维活动的水平,才具备形成人的这种自觉意识的前提。所以说,思维活动是人的一切心理活动的核心,它在人的整个认知过程中具有十分特殊的意义。人的思维活动是十分丰富的,一般可将其分为形象思维、逻辑思维和直觉思维这三种基本的思维类型。

(一)形象思维

形象思维,在人类思维史上是最先形成的一种思维,当认识主体在认识世界的时候,用客观存在的有形体、形象性信息来思维,这便是形象思维。不管是文学艺术家、科学家,还是普通老百姓,不管是科学研究,还是领导、管理和指挥工作,只要是人,是人的认识运动,形象(直感)思维作为与抽象(逻辑)思维不同的一种思维形式,总是普遍地被运用着。假如生活着的人,无论是说话,还是想问题,都只用干干巴巴的逻辑推理,那么,这个世界就会变得毫无生趣。

形象思维的一般机制是:实践(观察)—类比—想象—模拟(相似)。为了阐明观察、类比、想象、模拟(相似)在运用形象思维领导认识活动中的地位,我们有必要把其中诸要素作扼要论述。(1)观察,就是指创新者有目的、有计划地对创新工作的问题和现象进行考察的一种具体方法。观察的实质是一种科学的实践活动。巴甫洛夫说:"事实就是科学家的空气,没有事实,你们永远不能飞腾起来。"观察是获取感性信息的基本方法,是一切创新活动的首要步骤。贝弗里奇也指出过:"在研究工作中养成良好的观察习惯比拥有大量学术知识更为重要,这种说法并不过分。"所以,创新者的科学观察是创新工作的重要起点。(2)类比,就是指创新者把不同的(两类)对象进行比较,找出它们之间相似或相异的属性的一种思维方法。类比推理的出发点,是对象之间的相似性,而相似对象又往往具有多种多样的属性。根据两个对象在一系列属性上的相似,在已知其中一个对象具有某种属性时,可类比推导出另一对象也具有相似属性。因此,类比推理方法,不同于演绎推理和归纳推理,是运用了形象思维的一种特殊方法。(3)想象,就是指创新者在原来的感性形象信息基础上,经过重新组合和排列而重新创新成某种新形象信息的思维方法。所以,想象是创新性形象思维发展的实在因素。(4)模拟(相似),就是指创新者根据已知对象的本质和特性,人为地选择或建立一种与已知对象(原型)相似的模型,并在所建立的模型上进行运筹和研究,经研究决策后的成果再推到原型中去,从而达到揭示对象本质的思维方法。思维模拟是实现创新者思维升华的关键性环节。

运用形象思维于具体创新工程中,要坚持从各个不同角度,在全部相互联系的诸方面,同时捕捉信息。这里指的诸方面因素,既具有已知的外部特征,又有未知的内部结构。

(二)抽象思维

抽象思维也称逻辑思维,是在感性认识的基础上,运用概念、判断、推理等形式揭示事物本质和规律的一种最普遍、最重要的思维形式,是人们在认识过程中用反映事物共同属性和本质属性的概念作为基本思维方法,在概念的基础上进行判断、推理,反映现实的一种思维形式。它使认识由感性个别到理性一般再到理性个别,使一切科学的抽象都更深刻、更正确、更完整地反映客观事物的面貌。随着社会文明程度的进步、科学技术水平的发展和现代思维方法的确立,抽象思维在大学生创新活动中的作用更显重要。抽象思维包括形式逻辑思维和辩证逻辑思维两种形态。

形式逻辑思维是逻辑思维的初级阶段,它是从抽象同一性、从相对静止和质的稳定性方面去反映事物,因此也常常被称之为抽象同一性思维或静态思维。形式逻辑思维就是把活生生的东西简化,以达到对运动的描述目的。因此,形式逻辑思维是科学认识中必不可少的一个阶段。研究形式逻辑思维的科学就是形式逻辑学。形式逻辑把思维的内容和形式相对地分开,仅从形式结构这一侧面来研究概念、判断、推理及其联系的规律。自 17 世纪后期数理逻辑出现之后,形式逻辑已从古典阶段进入现代阶段。数理逻辑由于用人工符号来表达思维的逻辑结构,把思维结构转化为单纯的符号研究,从而摆脱了古典形式逻辑使用自然语言的局限,清除了同义性,成为一门严密的理论科学。

辩证逻辑思维即辩证思维,它是思维发展的最高阶段,是客观现实的辩证运动在人的思维中的反映。研究辩证逻辑的逻辑学就是辩证逻辑。辩证逻辑把矛盾的原则、普遍联系的原则和辩证发展的原则用于研究思维形式,从而揭示各种思维形式的辩证本性,使思维的确定性和思维的灵活性统一起来,充满了创新的活力。

在人类的认识过程中,形式逻辑和辩证逻辑各自具有不可替代的作用,概念是整个逻辑思维的基础,是逻辑思维的细胞。概念作为认识过程一定阶段的总结,是以压缩的、凝聚的形式表现大量知识的一种手段。人类认识的每一步都是通过概念来反映的。逻辑思维的一切过程都是围绕概念而展开的。逻辑思维的判断是概念的展开,推理是判断的发展,在逻辑思维中,运用逻辑规则进行信息推理,同时充分发挥丰富的想象力,使信息激活,是得出创新结论的有效的思维方法。

形象思维和抽象(逻辑)思维间的相辅相成的矛盾运动,贯穿于创新者具体认识过程的始终,推动着创新者认识能力和工作能力的深入发展。创新者在认识过程中,形象思维与抽象思维的能力必然实现着统一。创新思维过程不过是使形象、典型、样板、模式等统一再现出来,从而实现着创新者认识结果的具体化和形式化,并已形成了创新者须臾不可离开的理论联系实际的创新方法。

(三)灵感(顿悟)思维

创新工作是一项带有随机性、应变性和创新性很强的工作。应付这种随机性、应变性和创新性,光靠形象(直感)思维和抽象(逻辑)思维不行,还必须有灵感(顿悟)思维的配合。只有综合运用各种思维形式,才能驾驭领导工作这部巨型网络机器。

灵感(顿悟)思维,是伴随着人类的形象(直感)思维和抽象(逻辑)思维一起发展起来的一种基本思维形式。但长时期却不被人们所认识。我国著名科学家钱学森教授正确运用了理论思维的原则,科学地总结了自己和科学家们从事科学研究的宝贵经验,第一次鲜明地把灵感现象作为人类的一种基本思维形式提出来了。他在《关于形象思维问题的一封信》中指出:"凡有创新经验的同志都知道光靠形象思维和抽象思维不能创新,不能突破;要创新、要突破得有灵感。"并认为创新性思维中的"灵感"是一种不同于形象思维和抽象思维的一种人类基本思维形式。

所谓灵感（顿悟）思维，是人类一种基本思维形式，它的酝酿不仅仅是在显意识中进行的，而且是首先在显意识的指导下，经过潜意识的整合推论，再涌现于显意识，表现为灵感的。因此，灵感发生的机制则是：显意识—潜意识—显意识过程。就是说首要条件在于，在人们有意识自觉地追求下，灵感在潜意识中酝酿才有可能。而潜意识如何工作，又不被自己所意识到，当潜意识孕育成熟的瞬间又必须借助相关诱因方能涌进显意识，再经显意识加工，形成灵感。因此，灵感形成是有条件的，是显意识与潜意识相互协同作用的结果。

现代创新工作中因素之众多，涉及范围之广，机动性之强，关系之复杂，都是前所未有的。因此，一个创新者的创新性思维素养就显得十分重要了。而创新者的创新性思维素养的标志就是灵感（顿悟）思维能力。灵感（顿悟）思维能力愈强，创新者的潜思维水平就愈高，创新就更接近于科学和准确，就会更加有威慑力，从而才可能开创第一流的工作。随着信息化社会的发展，特别是世界性新技术革命潮流的到来，创新者的这种潜在思维能力将越发成为现代创新者必备的思维素质。

二、各种思维形式之间的区别和联系

客观世界是多样性的统一，反映其本质的途径和形式也必然是多样化的。千变万化的大千世界，时而呈现出"显态"，时而又表现着"潜态"。当呈现着"显态"时，人们会对其一目了然；而当其表现为"潜态"时，人对其就感到莫名其妙。这样一来，就使人们的思维形式也相应地表现出多种形式。显态形式，如抽象思维、形象思维；潜态形式，如灵感思维。这些形式都是从不同侧面反映着事物的本质及其发展变化规律的。

这几种思维形式又各有其特点，抽象思维、形象思维为人们所熟知，而灵感思维的特点却不易被人们所把握。从灵感思维发生的状态和表现的方式看，具有非预期的突发性。从时间来看，灵感什么时候来；从空间来看，灵感受什么东西启迪而触发，而且来去又那么短暂，都是令人难以寻觅的。从灵感思维所产生的独特的科学价值和社会价值看，它的功能具有非线性的独创作用。从灵感思维结果的二重性看，由于灵感酝酿在潜意识之中，所以它所产生的结果又具有一定的模糊性。但是，这种模糊性并不是神秘的，模糊和精确是客观事物的基本属性。因此，非理性主义认为灵感是什么"超感觉的""自我本能"的表现等，是站不住脚的。"灵感"不是"神灵感应"，而是大脑功能，可称它为"人灵感应"。

钱学森教授说："因为抽象思维比较简单，一步一步推论下去，就如从一点到下一点……可以说是线型的。而形象思维呢？从人的语言来说，有口音、同音字、错发音、文字错误等的干扰，但我们还是能准确地领会原意。至于图形的识别就更加明显了，不是感性的，是多路并进的；不是流水加工，而是多路网络加工。所以，形象思维是面型的，多了一维。至于灵感思维就更难了，它涉及潜意识，多个自我，不仅局限于'显意识'了，显意识一层，潜意识一层，或多层。所以，灵感思维是立体型的，更难弄了。"

可见，抽象思维、形象思维、灵感思维这三种科学思维形式，是从不同侧面反映事物本质的。这几种思维形式有共性，也有个性。就共性而言，它们都是物质长期进化的产物，是人脑这块特殊物质的机能，是主体对客体的反映，是思维规律和客观规律的辩证统一。各种思维形式都不违反认识的总规律。

但是，它们之间既相互区别，又相互联系。从各种思维形式的发生过程和作用来看，抽象思维发生在显意识，借助于概念实施严格的逻辑推理，从某一前提出发，一步接一步地推论下去，直至得到结论。整个推理过程表现为线性的、一维的。形象思维主要发生在显意识，有时也有潜意识参与活动，形象思维是用形象来思考和表述的。形象思维不像抽象思维那样遵循固定的逻辑程序，而是多途径的、多层次的意识活动，形象思维的发生既有客体形象（主客体形象及其时空参照系），又有主观形象（已存人大脑中的形象）。而灵感思维主要是蕴藏在潜意识活动之中，有显意识的主宰，并且在潜意识活动中又是立体交叉式的，比形象思维更复杂。

三、大学生的思维特点及其训练

（一）当代大学生的思维特点

▶▶ 1. 思维向逻辑性和系统性方向迅速发展

随着科学思维方法的加强及系统分析技术的提高，加上实践经验和理论知识的不断积累，大学生的辩证思维和逻辑思维能力有了极大改善，他们的抽象与概括、归纳与综合的能力已经今非昔比，现在他们已能对各种事物进行较为全面和较为深刻的分析与认识，他们能按层层递进、步步深入的方式把握事物内在的本质联系，从而抓住事物的发展规律。

▶▶ 2. 思维向独立性和批判性方向迅速发展

思维能力的加强和思维空间的扩展,使大学生独立思考的能力迅速发展,他们越来越喜欢用自己的眼光去看待世界、看待他人。作为积极进行独立思维的必然结果,大学生往往不再满足书本上既定的结论或权威们既定的说法,他们开始用怀疑甚至用批判的态度对待外界事物。大学生喜欢涉猎政治、经济、文化、科技等一切他们感兴趣的领域,特别爱好进行逆向思维或侧向求索。

▶▶ 3. 思维向灵活性和敏锐性方向迅速发展

由于相对于其他青年群体来说,大学生十分善于思考并勤于思考,因而他们思维的灵活性和敏感性得到迅速发展,大学生常常能够从不同层面、不同角度,采用不同方法、不同技巧思考问题。他们能在问题出现歧义时迅速加以察觉,并能在事件出现转机时迅速加以把握。每当思路遇阻时,他们能改弦易辙及时更换自己的观点,不会一条道走到黑。

▶▶ 4. 思维向新颖性和创新性方向迅速发展

大学生在专业知识、实践经验、科研方法、思维能力、进取目标、人生态度等方面的进步,使其思维出现质的飞跃,新颖性和创新性的色彩表现得越来越丰富。他们在处理问题和对待事物的过程中,追求创新,不愿跟在书本或专家的屁股后面亦步亦趋。他们非常反对"拾人牙慧""鹦鹉学舌",也非常反对"照猫画虎""按图索骥";大学生往往不喜欢"统一行动",热衷"别具一格""另辟蹊径";他们也常常不喜欢"统一思想",渴望"标新立异""与众不同",这种特点使大学生思维上的创新性特色更为明显。

(二)认真进行思维训练,提高思维能力

那么怎样进行大学生创新性思维的训练?换句话来说,即怎样使大学生进行带有创新性色彩的思考呢?下面介绍几种常见的思考方法。

▶▶ 1. 步步追踪、思维延伸

在事物发展过程中,总会留下一些蛛丝马迹,根据这些不引人注意的线索步步深入地追究下去,从已知到未知、从现实到可行来加以思考,最后就容易产生创新性的成果。居里夫人沿着"除了铀只有放射性以外,是否还存在其他类似的放

射性元素"这一思路进一步深入追踪,终于发现了镭。

步步追踪的思考方法要求大学生不要满足于已有的发现与发明,要求大学生创新者要善于抓住人们漠视、忽视、轻视的所有问题,通过仔细地观察与思索,在现有发现和发明的基础上,一步一步向前探索、一步一步搞清问题,使自己的思路不断延伸,"宜将剩勇追穷寇",不达目的决不罢休,直至取得创新活动的成功。

在经过多方面、多层次的询问和探索以后,就可使大学生得到许多意想不到的发明创新成果。我国一些高等院校在开展校园科技竞赛中,许多大学生的创新作品常常就是这种思考的产物。如大学生制作的形形色色的多功能文具盒、多用途电脑桌及多功能折叠书架,都是以某一基本事物为中心,将思维不断辐射和扩展,使新的功能和新的用途不断组合进来,最后成为功能创新的实用产品。

2. 引向荒谬、思维求真

真理与谬误相比较而存在、相斗争而发展。"引向荒谬、思维求真"就是对已有的结论进行还原思考,充分暴露其中的谬误,追索科学真相。这种思考方法对于大学生破除思维迷信和冲破世俗偏见、追求科学真理和探寻事实真相十分有利。

在科技发展史上,谬误被人当作真理而顶礼膜拜的事例并不少见。但很多人由于被笼罩在这种谬误头上的光环所迷惑,结果导致谬误泛滥、真理蒙尘。实际上,只要人们能够运用正确的思维方法对其加以甄别,是不难识破其"庐山真面目"的。

3. 反面求索、思维提纯

从事物的相反方向提出问题、展开思考,使思维的角度极度扩展,常常有助于大学生创新性思维的强化。从本质上看,反面求索是一种逆向思维。它对习惯进行正向思维的大学生来说,有着填补思维缺陷、提纯思维质量的功能。事实上,相反是可以相成的。很多事实表明,实现某一个创新目标往往有多种方法和途径,这些方法和途径多种多样,其思路可以不同,甚至可以相反。比如人们在进行数学运算时,都习惯于从低位算起,而我国快速计算法创新者史丰收则从反面考虑:将运算从高位算起,不列算式、不用任何计算工具,把烦琐的中间计算过程一概省去,一次报出答案,极大地提高了运算速度,也走出一条思维创新之路。

创新活动往往需要大学生从相反的方向展开思考,以便能在顺向思维受阻时能开辟新的思路。比如时间久了皮球内部的气体要向外泄漏,这时可用插入式气针充气。但对没有充气孔的网球来说,该如何充气呢?为解决这个难题,有人从反面来思考。球内气体之所以外泄,显然是由于球内气压大于外界气压所致。既然如此,假如把网球置于压力更大的环境中,那么气体不就会自动向球内压人吗?按此思路探索并研究下去,人们发明了网球等压容器,可在不用气针的情况下给网球充气。

▶▶ 4. 极端激发、思维升华

这种思考方式是设法将事物推向极端,使其本质性、关键性因素逐渐显露,然后观察并研究它有无特殊现象,继而进行详细分析和周密思考。它常常能把事物隐蔽的现象明显化、把事物模糊的概念清晰化,从而在大学生思维过程中真正起到"放大镜"和"显微镜"的作用,使大学生能够洞察到事物的本质所在。

▶▶ 5. 广开思路、思维活化

这种思维方式要求大学生能够超越"思维僵化"及"功能固定"的圈子,不简单重复过去的成功思路、不机械照搬他人的创新成果,使自己的思路不断延伸,使自己的思维不断活化。

任何人要想使自己思路开阔和思维敏捷,就必须使自己的思维充满活力。这样,他才能不使自己的思维触觉在长期的工作中渐渐丧失敏感性。而一个人丧失了对新事物的敏感性和前瞻性,就将成为科学的"瞎子"和知识的"聋子"。

第五章　高校大学生创业基础

第一节　大学生创业环境

一、大学生创业优劣势

(一)大学生创业优势

(1)大学生往往对未来充满希望,他们有着年轻的血液、充满激情及"初生牛犊不怕虎"的精神,而这些都是一个创业者应该具备的素质。(2)大学生在学校里学到了很多理论性的东西,有着较高层次的技术优势,而目前最有前途的事业就是开办高科技企技术的重要性是不言而喻的,大学生创业从一开始就必定会走向高科技、高技术含量的领域,"用智力换资本"是大学生创业的特色和必然之路。一些风险投资家往往就因为看中了大学生所掌握的先进技术,而愿意对其创业计划进行资助。(3)现代大学生具有创新精神,有对传统观念和传统行业挑战的信心和欲望,而这种创新精神也往往造就了大学生创业的动力源泉,成为成功创业的精神基础。大学生心中怀揣创业梦想,努力打拼,创造了财富。(4)大学生创业的最大好处在于能提高自己的能力,增长社会实战经验及学以致用;最大的诱人之处是通过成功创业,可以实现自己的理想,证明自己的价值。

(二)大学生创业弊端

▶▶ 1. 由于大学生社会经验不足,没有充足的心理准备

对于创业中的挫折和失败,许多创业者感到十分痛苦和茫然,甚至沮丧、消沉。大家以前创业,看到的都是成功的例子,心态自然都是理想主义的。其实,成功的背后还有更多的失败。看到成功,也看到失败,这才是真正的市场,也只有这样,才能使年轻的创业者们变得更加理智。

▶▶ 2. 急于求成、缺乏市场意识及商业管理经验

学生们虽然掌握了一定的书本知识,但终究缺乏必要的实践能力和经营管理

经验。此外,由于大学生对市场营销等缺乏足够的认识,很难一下子胜任企业经理人的角色。

▶▶ 3.大学生对创业的理解还停留在仅有一个美妙想法与概念上

在一部分大学生提交的创业计划书中,许多人还试图用一个自认为很新奇的创意来吸引投资。这样的事以前在国外确实有过,但在今天这已经是几乎不可能的了。投资人看重的是创业计划书中真正的技术含量有多高,在多大程度上是不可复制的以及市场盈利的潜力有多大。而对于这些,就必须有一整套细致周密的可行性论证与实施计划,不能凭三言两语就让投资者进行投资。

▶▶ 4.大学生的市场观念较为淡薄

不少大学生很乐于向投资人大谈自己的技术如何领先与独特,却很少涉及这些技术或产品究竟会有多大的市场空间。就算谈到市场的话题,他们也多半只会计划花钱做做广告而已,而对于诸如目标市场定位与营销手段组合这些重要内容,则全然没有概念。其实,真正能引起投资人兴趣的并不一定是那些先进得不得了的东西,相反,那些技术含量一般但却能切中市场需求的产品或服务,常常会得到投资人的青睐。同时,创业者应该有非常明确的市场营销计划,能强有力地证明盈利的可能性。

二、大学生创业优惠政策

为支持大学生创业,国家各级政府出台了很多优惠政策,涉及融资、开业、税收、创业培训、创业指导等诸多方面。对打算创业的大学生来说,了解这些政策,才能走好创业的第一步。根据国家有关规定,应届大学毕业生创业可享受免费风险评估、免费政策培训、无偿贷款担保及部分税费减免四项优惠政策。

第二节 大学生创业所具基本能力及硬件

一、创业大学生基本能力

(一)自我认知及科学规划

这一点对年轻人来说,是不容易实现的。尤其是大学生刚出校门,对社会和自己的认识还非常有限。要想清楚地知道自己以后的发展方向在哪里,仅靠自身的苦思冥想是找不到答案的。最好的办法就是通过自己去观察别人,征求"过来人"的意见,再结合自己的实际情况制定一些小的目标,通过确定和实现这些小目标,再慢慢地开始规划自己的人生。

在创业过程当中,要经常性地提前计划或规划一些事情。在制订计划的时候一定要综合各种因素,形成切实可行的动作分解,要将任何可能的细节都考虑在内。而在实施的过程当中要针对当下的具体情况进行,适时做调整。运营需要强有力的计划管理能力,只有具备这一能力才能让自己更靠近成功创业之门。

(二)管理能力

任何创业都如同经营一家企业一样,需要制定各种制度。制度不在于多,而在于是否让所有相关人员都能够明白其道理,并且严格执行。创业者需要针对自己团队的实际情况建立各种有效的管理制度,包括店员管理、培训、绩效考核等。同时,针对市场的不断发展变化而改进相应制度,只有这样才能够让创业者及其团队立于不败之地,拥有发展的主动权。在此想提醒大学生创业者,在制定和改进管理制度的时候,一定要基于客观事实出发,而不要想当然,要极力保证制度的可实施性。

创业者每天都会通过不同渠道接触各种信息,如竞争对手又开始降价了,明天要下雨,厂家又有新政策等。如何从大量的信息里筛选与自己相关的,再从与自己相关的信息里找到有效的,这需要长时间的锻炼。只有正确有效的信息才能指导自己店铺的各项工作有序开展。对于大学生创业者而言,由于缺乏大量的社会实践经验,所以在接触各种信息的时候,难免会有失偏颇地做一些决定。当大家对信息无所适从的情况下,可以向过来人进行请教,加以甄别。要在观察和请教别人的过程当中,不断提高自身管理信息的能力。

创业必须要有明确的目的性。在不同创业阶段需制定明确的目标,把目标进行细致化的分解。一个团队要想得到长远发展,那么必须得有长远的发展目标,长远的发展目标又可以按阶段分解成不同的小目标,而这些小目标又可以分解到每个相关人。在这个过程当中,作为创业者、主导者,就需要对不同的目标进行统筹和管理。

(三)谈判能力

在创业者人际交往过程当中,与人谈判的情况必不可少。谈判对创业者的要求是综合多面的,需要创业者有一定的语言能力、心理分析能力、人文素养等。要想在谈判当中占得主动地位,必须要有很强的谈判能力。杰出的谈判能力能够让创业者在谈判过程当中直接获得更多的利益。

(四)学习能力

现代社会要想取得不断的成功,必须具备持续的学习能力。市场和行业的竞争日益激烈,大到一个企业,小到个人,要想力争上游,那就必须比竞争对手更快地掌握更多的知识,通过不断的学习使自己处于不败之地。对于大学生创业者而言,除了书本的理论知识,更要重视学习其他方面的综合能力。

二、创业必备条件

(一)经验

大学生长期待在校园里,对社会缺乏了解,特别在市场开拓、企业运营上,很容易陷入眼高手低、纸上谈兵的误区。因此,大学生创业前要做好充分的准备,一方面,去企业打工或实习积累相关的管理和营销经验;另一方面,积极参加创业培训,积累创业知识,接受专业指导,提高创业成功率,避免在创业路上栽跟头。

(二)资金

一项调查显示,有四成大学生认为"资金是创业的最大困难"。的确,巧妇难为无米之炊,没有资金,再好的创意也难以转化为现实的生产力。因此,资金是大学生创业要翻越的一座大山,大学生要拓展思路,多渠道融资,除了银行贷款、自筹资金、民间借贷等传统途径外,还可充分利用风险投资、天使投资、创业基金等融资渠道。

(三)技术

用智力换资本,这是大学生创业的特色之路。一些风险投资家往往就因为看中大学生所掌握的先进技术,而愿意对其创业计划进行资助。因此,打算在高科技领域创业的大学生,一定要注意技术创新,开发具有自己独立知识产权的产品,吸引投资商。

（四）能力

大学生由于长期接受应试教育,不熟悉经营的"游戏规则",技术上出类拔萃,理财、营销、沟通、管理方面的能力普遍不足。要想创业获得成功,创业者必须技术、经营两手抓。建议可从合伙创业、家庭创业或低成本的虚拟店铺开始,锻炼创业能力。

第三节 大学生创业方法与途径

一、创业团队建设

（一）创业团队的构成要素

▶▶ 1. 创业目标

创业团队要有一个明确的目标,它能引导团队成员的思想和行为。没有目标,团队就没有存在的价值。

▶▶ 2. 创业人员

人是构成创业团队最核心的力量,三个或者三个以上的人就可以构成团队。

目标是通过人员具体实现的,所以人员的选择是创业团队中非常重要的一部分,在一个团队中可能需要有人出主意,有人订计划,有人实施,有人组织协调,还有人监督团队工作的进展,评价团队最终的贡献,不同的人通过分工来共同完成团队的目标,因此在人员选择方面要考虑到人员的知识、能力和经验如何,技能是否互补。

▶▶ 3. 创业团队的定位

创业团队的定位包含两层意思:一是创业团队的定位,确定团队在企业中处于什么位置,由谁选择和决定团队的成员,团队最终应对谁负责等;二是个体的定位,对团队成员进行明确分工,确定各自承担的责任。

▶▶ 4. 权限

在创业团队当中,一是团队领导人的权力。团队领导人的权力大小与创业团队的发展阶段相关。一般来说,在创业团队发展的初期,领导权相对比较集中,团队越成熟,领导者拥有的权力相应越小。二是团队权力。要确定整个团队在组织中拥有什么决定权,例如,财务决定权、人事决定权等。

▶▶ 5. 创业计划

计划是对达到目标所做出的安排,是未来行动的方案,可以把计划理解成目标实施的具体工作程序。

计划只有在一步一步认真落实的情况下,才会贴近目标并最终实现目标。

(二)创业团队的组建

创业者想要达到成功最重要的还是要有坚持的毅力和信念,越来越多的创业者开始组建成功的创业团队,因为想要成功必须和创业团队抱成一团。

▶▶ 1. 知己知彼的团队成员

绝大多数创业团队的核心成员都很少,一般是三四个人,多也不过十来人,如此少的团队成员从企业管理角度来看,实在是"小儿科",因为人数太少,几乎每个从事管理工作的人都觉得能够轻易驾驭。但实际上,这个创业团队成员虽少,但是都有自己的想法,有自己的观点,更有一股藏于内心的不服管的信念。因此,我们对创业团队中的每个成员都不能抱有轻视的态度。

优秀的创业团队中所有成员都应该相互熟悉,知根知底。《孙子兵法》中云:"知己知彼,百战不殆。"在创业团队中,团队成员都非常清醒地认识到自身的优劣势,同时对其他成员的长处和短处也一清二楚,这样可以很好地避免团队成员之间因为相互不熟悉而造成的各种矛盾、纠纷,迅速提高团队的向心力和凝聚力。

▶▶ 2. 才华各异、相得益彰的创业团队

创业团队虽小,但是"五脏俱全"。创业团队成员不能是清一色的技术流成员,也不能全部是搞终端销售的。优秀的创业团队成员各有各的长处,大家结合在一起,正好是相互补充、相得益彰。一个优秀的创业团队必须包括以下几种人:一个创新意识非常强的人,这个人可以决定公司未来的发展方向,相当于公司战

略决策者;一个策划能力极强的人,这个人能够全面、周到地分析整个公司面临的机遇与风险,考虑成本、投资、收益的来源及预期收益,甚至还包括公司管理规范章程、长远规划设计等工作;一个执行能力较强的成员,这个人具体负责下面的执行过程,包括联系客户、接触终端消费者、拓展市场等。

》》 3. 胜任的带头人

在企业管理和市场营销中,我们经常谈论领导者的核心竞争力。事实上,在创业团队中,带头人的作用更加重要。

创业团队中必须有可以胜任的领导者,而这种领导者,并不是单单靠资金、技术、专利来决定的,也不是谁出的点子好谁就当头。这种带头人是团队成员在多年同窗、共事过程中发自内心的认可,其他的所有一切都是废话。一个好汉三个帮,红花也需绿叶扶持。不管创业者在某个行业多么优秀,但不可能具备所有的经营管理经验,而借助团队就是拿来主义,他们可以拥有企业所需要的经验。如顾客经验、产品经验和创业经验等。而且人际关系在创业中的比重被放在一个很重要的位置,人际关系网络或多或少地可以帮助到创业者,是企业成功的因素之一。通过团队,人脉关系可以放得更大,可提高创业成功的概率。

一项针对创业者能力的研究报告也指出,组成团队与管理团队是成功创业者需要具备的主要能力之一。由于组成创业团队的基石在于创业远景与共同信念,因此创业者需要提出一套能够凝聚人心的远景与经营理念,形成共同目标、语言、文化,作为互信与利益分享的基础。组成创业团队是一种结合远景、理念、目标、文化、共同价值观的机制,使之成为一个生命与利益共同体的组织。

(三)创业团队的股权分配

》》 1. 股权分配内容

资金股权的确定需要区分投资者的类型,一般来说个人投资得看投资人的个人特性,机构投资则更多有一套价值评估的系统。投资者为什么要投您的团队,最重要的一般都是看重人,其次才是项目。因此,我们也应该首先从人的角度来对待投资资金所占股份比例的问题。

经营股权部分,总的比例定好了之后,就可以考虑每个人在团队中担任的职责和能力了。设立一些简单的虚拟股权绩效评价系统。就是说在创业过程中让股东的股权随着个人绩效的变化有一定调整幅度的激励制度。这个制度是中立的,因此经营股权的分配比例也是按照职责、岗位来分的,而不是按照人来分的。如果觉得还应该考虑创意角度的股份,那把这个方面单列。让最开始提出这个创意的人获得一定的股权回报。

因此,对待股权分配最基本的就是没有必要不好意思细谈,股权不谈好,在创业过程必然会发生各种问题。让股权不按照人来分,而是按照客观的资金、职责、岗位、创意等角度来分,能尽量避免随意的拍脑袋分配方式带来的问题。

▶▶ 2. 股权分配计划

有两种主要的股权分配计划:股权分配激励计划和工资扣存储存款计划。这些可能是国内税收核准的方案,并且如果真是这样的话,可以合理避税,也可以把经济奖励和公司的长期繁荣发展联系在一起。如股权诱因计划必须是国内税收部门核准的。他们向员工提供可以合理避税的购买公司股票的机会,公司借此可以增加"免费""合伙人"和"搭配"股份。可以提供给员工的自由股的额度是有限制的。

二、创业机会的识别与评估

(一)商业机会的来源

▶▶ 1. 商业机会的定义

商业机会或创业机会,是指有吸引力的、较为持久的和适时的一种商务活动的空间,并最终表现为能够为顾客创造价值或实现价值增值的产品或服务。

▶▶ 2. 商业机会的核心要素

商业机会的核心要素包括顾客、价值及利润三方面。

▶▶ 3. 商业机会的来源

大学生需要通过有效的途径寻找创业项目。由于创业项目范围甚广,就不得不运用可行的方法来发现适合于自身创业的项目,有以下几种途径可供参考:通过朋友介绍及口碑效应;通过广告及自己的了解;另辟蹊径发现创业新商机;通过创业咨询公司的分析与调查了解创业项目;通过网络、报刊、图书等发现创业项目。大学生寻找项目的方法多种多样,应该结合自己的实际情况,发掘各种创业项目的途径。

▶▶ 4. 商业机会的识别

商业机会的识别与评估机会是创业过程中一个具有关键意义的阶段,许多很好的机会并不是突然出现的,而是对"一个有准备头脑"的一种"回报",或是当一个识别市场机会的机制建立起来之后才会出现。不同的创业者会辨识出不同的商业机会。虽然大多数情况下并不存在正式的识别市场机会的机制,但通过某些来源往往可以有意外的收获,这些来源包括消费者、营销人员、专业协会成员或技术人员等,无论商业机会来源于何处,都需要经过认真细致的评估。

尽管发现了商业机会,但这并不意味着要创业,更不意味着成功就在眼前,创业活动是创业者与创业机会的有机结合,并非所有的创业机会都有足够大的价值潜力来填补为把握机会所付出的成本,也并非所有机会都适合每个人。大部分创业机会仍然存在于传统行业中,工作经验也起到十分重要的作用,最好选择自己所擅长的,对创业者来说,关键在于如何能够从众多商业机会中找寻出有价值的创业机会,并采取有效、快速的行动来把握机会。

有价值的创业机会具有四个主要特征:(1)有吸引力。商业机会总会带来市场需求,使创业产生盈利,因而受到创业者与投资者的追寻与青睐。(2)持久性。商业机会取决于市场变化,市场环境的变化是持久的,而商业机会客观存在于一定的市场环境之中,也是持久的。(3)及时性。商业机会产生于一定条件下,随着环境的变化而变化,消费者需求会发生转移,商业市场机会也会随之改变。为此,创业者必须及时地捕捉机会,科学地加以利用,以取得良好的经济效益。(4)客观性。无论经营者是否意识到,市场机会总是客观存在于一定的市场环境中。一个企业未能发现的机会,会被另一个企业捕捉和利用。因此,企业应积极从市场环境变化的规律中寻找机会。

(二)商业机会的评估

▶▶ 1. 商业机会的评估方法

定性、定量分析。定性分析侧重考虑:确定该市场机会所需具备的成功条件;分析商业机会所拥有的优势;公司所拥有的竞争优势;与本公司的发展方向和目标是否一致。定量分析主要是商业分析中的经济效益分析,对市场需求量的预测,其任务是在初步拟定营销规划的基础上,从财务上进一步判断选定机会是否符合企业目标。

▶▶ 2.商业机会的评估准则

行业与市场、获利能力、竞争优势、管理团队、致命缺陷,要求分析顾客群体大小、预期获利能力。创业良机一定是适应市场的,创业时要尽量寻找空白与潜力市场,而市场机会的评估是整个创业过程中的关键步骤,做好市场评估有益于得到最佳的商业机会。

▶▶ 3.商业机会的市场评估

商业机会的市场评估大致有如下内容:是否具有市场定位;专注于具体顾客要求,能为顾客带来新的价值;依据创业机会的市场评估机构做出的评估,分析创业机会所面临市场的规模大小;评价创业机会的市场参透力;预测可能取得的市场占有率;分析产品成本结构。

▶▶ 4.商业机会的效益评估

商业机会的效益评估主要包括四个方面:税后利润至少高于 5%;达到盈亏平衡的时间应低于两年;投资回报率应高于 25%;资本需求量较低。

三、商业模式与设计

(一)商业模式定义

商业模式是一种包含了一系列要素及其关系的概念性工具,用以阐明某个特定实体的商业逻辑。它描述了公司所能为客户提供的价值及公司的内部结构、合作伙伴网络和关系资本等用以实现(创造、推销和交付)这一价值并产生可持续盈利收入的要素。

在文献中使用商业模式这一名词的时候,往往模糊了两种不同的含义:一类作者简单地用它来指公司如何从事商业的具体方法和途径,另一类作者则更强调模型方面的意义。这两者实质上是有所不同的:前者泛指一个公司从事商业的方式,而后者指的是这种方式的概念化;后一观点的支持者们提出了一些由要素及其之间关系构成的参考模型,用以描述公司的商业模式。

（二）商业模式的特点

（1）优秀的商业模式是难以模仿的；（2）成功的商业模式是脚踏实地的；（3）成功的商业模式是分析整合、系统归纳、探索创新、标准化、流程化的。

（三）商业模式检验

≫ 1. 逻辑检验

从直觉的角度考虑故事的逻辑性，隐含着各种假设是否符合实际。如果商业模式创新所讲的故事没有意义，则企业运营中必备的参与方不会按照假设行动。逻辑检验可以从下面几个标准来衡量：一是能否为客户提供独特的价值和利益相关者实现共赢。商业模式创新过程就是从客户角度出发，发挥想象力怎样让事情变得更好的过程，其关键在于营造出一种新的优于现存方法的为客户解决问题的方案。因而能够为客户创造出更多的价值应是其创新成功与否的标准。所以，商业模式创新的目标是以最合适的方式提供给客户产品或服务，并删除客户不要的东西。另外，长期而言，为了保证企业商业模式创新的成功，企业需要不断地改善与其利益相关者之间的关系，依法履行社会义务，要承担起相应的社会责任，实现与利益相关者之间的共赢。二是商业模式是否难以模仿。一种好的商业模式应该能明显呈现竞争优势，而优势将呈现在差异化，专注于利己市场及具有以低成本创造高价值的能力上。也就是说，一种成功的商业模式能将波特提出的三种创造竞争优势策略，即成本、差异、专注，加以充分地融合运用。总之，商业模式需要显示企业能在利己市场有效率地提供差异化产品，创造价值满足顾客需求。

≫ 2. 经济检验

创新追求的是投入资源的更高价值与效益，创新的实践效果自然包括经济效果。在生产领域，利润标准和生产率标准更是成为创新检验的主要标准。这就需要对市场的规模和盈利率、消费者的消费行为和心理、竞争者的战略和行动进行分析和假设，从而估算出关于成本、收入和利润的量化数据以评价经济的可行性。当预算出的损益达不到要求时，则商业模式不能通过经济检验。

商业模式既然是企业价值创造的核心逻辑，那判断其优劣的标准就是创造价值的效率。优秀的商业模式占用一定资源可以为社会提供更有价值的产品和服务;或者具备优秀商业模式的企业为社会提供一定的产品和服务会占用较少的资源。当决定企业的成本结构与收益模式时,也决定企业能拥有多少价值,而这也是商业模式是否可以存续的最关键因子。当然,为顾客创造价值不代表公司就能够获利,利润要与供应商、顾客、竞争者、替代品、互补品之间相互拔河才能决定其归属。而决定公司的利润还需要考虑以下几项因素:专用型资源、资源稀少性、资源可替代性、资源可模仿性、能力不可捉摸性、网络外部性、时间困难性、运用战略对抗模仿、整合关联资源等。在考虑利润的同时需要注意成本,利润是指收益与成本之间的差额,能降低成本即表示利润可进一步提升。

▶▶ 3. 文化检验

不同行业和不同性质的企业,其生存和发展的环境也不同,没有哪两个企业会有着完全一样的商业模式,一个企业的商业模式应仅仅适用于自己的企业,其他企业不可能原封不动地照搬,要分析其运作的历程,结合自身的资源、能力,打造自己独特的商业模式。人文资源把文化价值、审美价值、生态伦理价值等要素融入商品的开发设计和市场推广中,促其优化升级,实现质变,通过提供创新的深层动力和智力保障,使新的产业形态得以构筑。新经济时代的经济产品将同时是文化性兼容并蓄,文化中折射出经济的要素、商品的属性。文化差异主要是指企业在开展全球化经营的过程中,对商业模式创新需要考虑文化上的差异,将创新与当地文化契合。

▶▶ 4. 法律与伦理检验

当前人们一直把创造利润的多少作为商业模式成功与否直接而唯一的判断标准,这是不完整的。一种好的商业模式当然应关注利润,但同时应兼顾它给所涉及的用户能否带来更大价值,能否给社会带来好处。在当今时代,如果企业只追求利润而不考虑企业伦理,则企业的经营活动会越来越为社会所不容,必定会被社会所淘汰。也就是说,如果在企业经营活动中没有必要的法律意识和伦理观指导,经营本身也许不能成功。如百度公司,其主要的盈利模式是竞价排名。搜索引擎本应该是一个第三方的中立平台,它必须有一个公正的信息甄选机制,这是搜索引擎赖以生存的根本。而搜索功利化的强化使得竞价排名抛弃搜索引擎应有的道德准则,脱离道德的约束,从而发生过多次人工干涉搜索结果,引发垃圾信息,涉及恶意屏蔽,被指为"勒索营销",并引发了公众对其信息公平性和商业道德的质疑。

西方国家有个理论,即政府只能做法律限定的行为,而公民可以做法律没有禁止的事情。于是在经济腾飞时期就会有各种各样的冒险家,为了追求利润而孤注一掷甚至铤而走险,或者不断地行走在政策的边缘打擦边球。在进行商业模式创新时,类似举动应该是值得注意的,进行商业模式创新者应深谙法律精神,而不仅仅是遵守法律条文,符合社会伦理要求。深深植入社会责任,才能创造一种真正长期有效、能被整个社会所接受的商业模式,总之,商业模式创新仅仅是一种工具或途径,支撑它不断向前的是那些长期以来被人们忽视的伟大力量,如梦想、家庭和爱。

(四)新创企业模式设计

商业模式创新有几个明显的特点:第一,商业模式创新更注重从客户的角度,从根本上实现"客户价值最大化"是商业模式主观追求目标思考设计企业的行为,视角更为外向和开放,更注重和涉及企业经济方面的因素。商业模式创新的出发点,是如何从根本上为客户创造更多的价值。因此,它逻辑思考的起点是客户的需求,根据客户需求考虑如何有效满足客户,这点明显不同于许多技术创新。一种技术可能有多种用途,从技术创新的视角,尝试从技术特性与功能出发,看它能用来干什么,去找它潜在的市场用途。商业模式创新即使涉及技术,也多是和技术的经济因素、与技术所蕴含的经济价值及经济可行性有关,而不是纯粹的技术特性。第二,商业模式创新表现得更为系统和根本,它不是单一因素的变化。它常常涉及商业模式多个要素同时出现大的变化,需要企业组织的较大战略调整,是一种集成创新。商业模式创新往往伴随产品、工艺或者组织的创新,反之,则未必足以构成商业模式创新。如开发出新产品或者新的生产工艺,就是通常认为的技术创新。技术创新,通常是对有形实物产品的生产来说的。第三,从绩效表现看,商业模式创新如果提供全新的产品或服务,那么它可能开创了一个全新的可盈利产业领域,即便提供已有的产品或服务,也能给企业带来更持久的盈利能力与更大的竞争优势。传统的创新形态,能带来企业局部内部效率的提高、成本降低,而且它容易被其他企业在较短期时期模仿。商业模式创新,虽然也表现为企业效率提高、成本降低,但由于它更为系统和根本,涉及多个要素的同时变化,因此,它难以被竞争者模仿,常给企业带来战略性的竞争优势,而且优势常可以持续数年。

（五）互联网商业模式的变革

互联网时代的来临为企业探求突破性的创新发展提供了思路、手段和条件，既是挑战更是机遇。首先，互联网启发企业以网络式思维取代层级式思维，从而从根本上改变运营和管理的组织方式和资源配置方式，重塑组织内部的激励、约束机制，实现颠覆性的企业组织创新和管理关系创新；其次，互联网推动企业以信息技术创新生产方式、重组运营流程和再造管理决策，从而有效提高运营效率和响应速度，减少运营成本和交易成本。最后，互联网促进企业集成网络信息技术于传统产品和服务中，使产品和服务更加智能化、个性化。

四、初创企业的资源管理

（一）创业资源整合原则

▶▶ 1. 创业资源定义

创业资源是指新创企业在创造价值的过程中需要的特定的资产，包括有形与无形的资产，它是新创企业创立和运营的必要条件，主要表现形式为：创业人才、创业资本、创业机会、创业技术和创业管理等。

▶▶ 2. 创业资源整合定义

所谓创业资源整合，就是指寻找并有效利用各种创业资源的过程，并且这一过程必须具备两个基本特点：尽量多的发现有利的创业资源；以效率最高的方式来配置、开发和利用这些配置。

▶▶ 3. 资源整合原则

创业者能否成功地开发出机会，进而推动创业活动向前发展，通常取决于他们掌握和可以整合到的资源及对资源的利用能力。许多创业者早期所能获取与利用的资源都相当匮乏，而优秀的创业者在创业过程中所体现出的卓越创业技能之一，就是创造性地整合和运用资源，尤其是那种能够创造竞争优势，并带来持续竞争优势的战略资源。尽管与已存在的进入成熟发展期的大公司相比，创业型企业资源比较匮乏，但实际上创业者所拥有的创业精神、独特创意及社会关系等资源,却同样具有战略性。因此,对创业者而言,一方面,要借助自身的创造性,用有限的资源创造尽可能大的价值;另一方面,要设法获取和整合各类战略资源。

(1)善用资源整合技巧

创业总是和创新、创造及创富联系在一起。一位创业者结合自身创业经历提出了这样的观点:缺少资金、设备、雇员等资源,实际上是一个巨大的优势。因为这会迫使创业者把有限的资源集中于销售,进而为企业带来现金。为了确保公司持续发展,创业者在每个阶段都要问自己,怎样才能用有限的资源获得更多的创造价值?

(2)学会拼凑

很多创业者都是拼凑高手,通过加入一些新元素,与已有的元素重新组合,形成在资源利用方面的创新行为,进而可能带来意想不到的惊喜。创业者通常利用身边能够找到的一切资源进行创业活动,有些资源对他人来说也许是无用的、废弃的,但创业者可以通过自己独有的经验和技巧,加以整合创造。例如:很多高新技术企业的创业者并不是专业科班出身,可能只是出于兴趣或其他原因,对某个领域的技术略知一二,却凭借这个略知的"一二"敏锐地发现了机会,并迅速实现了相关资源的整合。

整合已有的资源,快速应对新情况,是创业的利器之一。拼凑者善于用发现的眼光,洞悉身边各种资源的属性,将它们创造性地整合起来。这种整合很多时候甚至不是事前仔细计划好的,而往往是具体情况具体分析、"摸着石头过河"的产物。而这也正体现了创业的不确定性特性,并考验创业者的资源整合能力。

(3)步步为营

创业者分多个阶段投入资源并在每个阶段投入最有限的资源,这种做法被称为"步步为营"。步步为营的策略首先表现为节俭,设法降低资源的使用量,降低管理成本。但过分强调降低成本,会影响产品和服务质量,甚至会制约企业发展。例如,为了求生存和发展,有的创业者不注重环境保护,或者盗用别人的知识产权,甚至以次充好。这样的创业活动尽管短期可能赚取利润,但长期而言,发展潜力有限。所以,需要"有原则地保持节俭"。

步步为营策略表现为自力更生,减少对外部资源的依赖,目的是降低经营风险,加强对所创事业的控制。很多时候,步步为营不仅是一种最经济的做事方法,也是创业者在资源受限的情况下寻找实现企业理想目的和目标的途径,更是在有限资源的约束下获取满意收益的方法。习惯于步步为营的创业者会形成一种审慎控制和管理的价值理念,这对创业型企业向稳健成熟发展的过渡期,尤其重要。

（4）发挥资源杠杆效应

尽管存在资源约束，但创业者并不会被当前控制或支配的资源所限制，成功的创业者善于利用关键资源的杠杆效应，利用他人或者别的企业的资源来完成自己创业的目的。用一种资源补足另一种资源，产生更高的复合价值；或者利用一种资源撬动和获得其他资源。其实，大公司也不只是一味地积累资源，他们更擅长于资源互换，进行资源结构更新和调整，积累战略性资源，这是创业者需要学习的经验。

对创业者来说，容易产生杠杆效应的资源，主要包括人力资本和社会资本等非物质资源。创业者的人力资本由一般人力资本与特殊人力资本构成，一般人力资本包括受教育背景、以往的工作经验及个性品质特征等。特殊人力资本包括产业人力资本（与特定产业相关的知识、技能和经验）与创业人力资本（如先前的创业经验或创业背景）。调查显示，特殊人力资本会直接作用于资源获取，有产业相关经验和先前创业经验的创业者能够更快地整合资源，更快地实施市场交易行为。而一般人力资本使创业者具有知识、技能、资格认证、名誉等资源，也提供了同窗、校友、老师及其他连带的社会资本。

相比之下，社会资本有别于物质资本、人力资本，是社会成员从各种不同的社会结构中获得的利益，是一种根植于社会关系网络的优势。在个体分析层面，社会资本是嵌入、来自并浮现在个体关系网络之中的真实或潜在资源的总和，它有助于个体开展目的性行动，并为个体带来行为优势。与外部联系人之间社会交往频繁的创业者所获取的相关商业信息更加丰富，从而有助于提升创业者对特定商业活动的深入认识和理解，使创业者更容易识别出常规商业活动中难以被其他人发现的顾客需求，进而更容易获得财务和物质资源——这正是其杠杆作用所在。

设置合理利益机制。资源通常与利益相关，创业者之所以能够从家庭成员那里获得支持，就因为家庭成员之间不仅是利益相关者，更是利益整体。既然资源与利益相关，创业者在整合资源时，就一定要设计好有助于资源整合的利益机制，借助利益机制把潜在的和非直接的资源提供者整合起来，借力发展。因此，整合资源需要关注有利益关系的组织或个人，要尽可能多地找到利益相关者。同时，分析清楚这些组织或个体和自己及自己想做的事情的利益关系，利益关系越强、越直接，整合到资源的可能性就越大，这是资源整合的基本前提。利益关系者之间的利益关系有时是直接的，有时是间接的，有时是显性的，有时是隐性的，有时甚至还需要在没有的情况下创造出来。另外，有利益关系也并不意味着能够实现资源整合，还需要找到或发展共同的利益，或者说利益共同点。为此，识别到利益相关者后,逐一认真分析每一个利益相关者所关注的利益非常重要。多数情况下,将相对弱的利益关系变强,更有利于资源整合。然而,有了共同的利益或利益共同点,并不意味着就可以顺利实现资源整合。资源整合是多方面的合作,切实的合作需要对各方面利益真正能够实现的预期加以保证,这就要求寻找和设计出多方共赢的机制。对于在长期合作中获益、彼此建立起信任关系的合作,双赢和共赢的机制已经形成,进一步的合作并不很难。但对于首次合作,建立共赢机制尤其需要智慧,要让对方看到潜在的收益,为了获取收益而愿意投入资源。因此,创业者在设计共赢机制时,既要帮助对方扩大收益,也要帮助对方降低风险,降低风险本身也是扩大收益。在此基础上,还需要考虑如何建立稳定的信任关系,并加以维护、管理。

(二)估值原理与方法

公司估值有一些定量的方法,但操作过程中要考虑到一些定性的因素,传统的财务分析只提供估值参考和确定公司估值的可能范围。根据市场及公司情况,被广泛应用的有以下几种估值方法。

▶▶ 1.可比公司法

首先要挑选与非上市公司同行业可比或可参照的上市公司,以同类公司的股价和财务数据为依据,计算出主要财务比率,然后用这些比率作为市场价格乘数来推断目标公司的价值,如 P/E(市盈率,价格/利润)、P/S 法(价格/销售额)。目前在国内的风险投资(VC)市场,P/E 法是比较常见的估值方法。通常我们所说的上市公司市盈率有两种:

历史市盈率(TrailingP/E),即当前市值/公司上一个财务年度的利润(或前 12 个月的利润)。

预测市盈率(ForwardP/E),即当前市值/公司当前财务年度的利润(或未来 12 个月的利润)。

▶▶ 2.可比交易法

挑选与初创公司同行业,在估值前一段合适时期被投资、并购的公司,基于融资或并购交易的定价依据作为参考,从中获取有用的财务或非财务数据,求出一些相应的融资价格乘数,据此评估目标公司。比如 A 公司刚刚获得融资,B 公司在业务领域与 A 公司相同,经营规模上(比如收入)比 A 公司大一倍,那么投资人对 B 公司的估值应该是 A 公司估值的一倍左右。再比如分众传媒在分别并购框架传媒和聚众传媒的时候,一方面,以分众的市场参数作为依据;另一方面,框架的估值也可作为聚众估值的依据。可比交易法不对市场价值进行分析,而只是统计同类公司融资并购价格的平均溢价水平,再用这个溢价水平计算出目标公司的价值。

》》》 3. 现金流折现

这是一种较为成熟的估值方法,通过预测公司未来自由现金流、资本成本,对公司未来自由现金流进行贴现,公司价值即为未来现金流的现值。贴现率是处理预测风险的最有效的方法,因为初创公司的预测现金流有很大的不确定性,其贴现率比成熟公司的贴现率要高得多。

》》》 4. 资产法

资产法是假设一个谨慎的投资者不会支付超过与目标公司同样效用的资产的收购成本。

比如中海油竞购尤尼科,根据其石油储量对公司进行估值。这个方法给出了最现实的数据,通常是以公司发展所支出的资金为基础。其不足之处在于假定价值等同于使用的资金,投资者没有考虑与公司运营相关的所有无形价值。另外,资产法没有考虑到未来预测经济收益的价值。所以,资产法对公司估值,结果是最低的。

(三)创业企业融资注意事项

》》》 1. 确定融资种类与资金结构环节要合理

中小企业的资金运用决定资金筹集的类型和数量。我们知道,企业总资产由流动资产和非流动资产两部分构成。流动资产又分为两种不同形态:一是其数量随生产经营的变动而波动的流动资产,即所谓的暂时性流动资产;二是类似于固定资产那样长期保持稳定水平的流动资产,即所谓的永久性流动资产。按结构上的配比原则,中小企业用于固定资产和永久性流动资产上的资金,以中长期融资方式筹措为宜;由于季节性、周期性和随机因素造成企业经营活动变化所需的资金则主要以短期融资方式筹措为宜。强调融资在资金结构上的配比关系对中小企业尤为重要。有关调查显示,中小企业的融资失败案例中很多并不是直接由于资金不能筹措而致,而是由于经营者不了解各种资金的特性而将短期资金不恰当地用在了长期投资项目上。

▶▶ 2. 融资资料准备与包装要适度

准备硬件材料,展示企业价值。公司的无形资产,如产品的测试和鉴定;企业标准的制定;专利、商标、著作权的申请;科技成果的鉴定;科技进步奖的评选、企业信用的评级;重点新产品的申请;重信誉、守合同的评比;出口创汇企业的评选;然后是 ISO9000 质量体系的认定;高新技术项目(企业)或软件企业的认定;知名专家顾问等都是企业最有说服力的硬件材料。

▶▶ 3. 融资前的需求分析与评估环节要公正

所谓事前评估是指企业对其是否需要融资进行评估。例如,为了资金周转和临时需要,企业需要融资;为了添置设备、扩大规模、引进新技术和开发新产品,企业需要融资;为了对外投资、兼并其他企业,企业需要融资;为了偿付债务和调整资本结构,企业需要融资等。是否需要融资也不是完全由上述原因决定的。比如,企业经常会面临一些临时性的资金需求,但是这些需求所需资金不一定非要通过融资来解决,因为企业完全有可能通过盘活流动资产,通过自有资金来解决这些需要。这时企业就应当对使用自有资金与使用外来资金对企业的影响作比较,如果有好的影响,就使用;反之则不用。

在决定使用外来资金后,还应该在融资需要的基础上比较投资收益和资金成本及其与之相对应的风险是否相匹配。例如,投资项目未来的年均报酬率(或年均利润率)是多少?通过融资活动占用资金所付出的代价(或称资金成本率)是多少?企业需要承担哪些风险?这是企业管理决策层最为关心的。因此,企业财务人员在开展融资活动之前,必须对未来的投资收益做一个较为可靠的预测,只有当投资收益远大于资金成本且与之相对应的风险可承受的前提下,才可以确定展开融资活动。

▶▶ 4. 融资组织实施过程与管理环节要细致

为了确保企业生产经营正常运行或者确保企业投资项目如期进行,必须使融通的资金按计划的时间、计划的数额进入企业,否则,企业融资就失去了其应有的作用。如果资金提前流入企业,就会增加企业的财务成本;如果资金延后流入企业或流入的数额不足,必将严重影响企业生产经营活动或投资计划。因此,融资决策以后,应及时实施融资计划,对融资活动的全过程进行管理。同时,由于融资活动受制约的因素很多,企业能够把握的只能是企业内部,而企业外部因素的变化,即融资过程中融资环境的变化,企业是无法控制的,除了在融资决策时进行必要的预测外,企业还要对融资过程进行监控及时进行融资活动,或及时改变融资计划。比如,在进行银行信贷时,发现费用、时间用去大半,但贷款取得的前景仍不明朗,这时就应该及时调整融资计划。

融资进度管理,应从融资所需的工作量、时间、费用三方面来把握。首先,从融资工作量看,融资项目的完成需要各个子项目的完成来支持,并且各子项目有先有后、有难有易,如企业申请银行信贷,就由企业提出贷款申请、银行审查申请、签订借款合同、企业取得借款和借款的归还五个步骤,而每一步骤又涉及一些具体工作,如在银行审查借款申请阶段,企业要协助银行及时提供相关资料。其次,从时间看,企业应制定融资项目的进度表,使融资在规定时间完成规定的工作量。从费用看,企业应对融资活动中产生的费用进行有效控制,在融资决策考虑总融资成本时,应列出相应的融资活动费用预算,使融资严格按预算执行。

》》 5. 融资风险防范与全程控制环节要敏锐

企业在融资过程中的各个环节都存在风险,企业必须根据金融市场、汇率市场变化和国内国际融资环境等情况,灵活掌握风险规避方法及时转嫁风险,尽量控制风险的发生及扩散,降低风险损失金额。

五、新创企业的管理

(一)产品服务的定义

所谓产品服务,是指以实物产品为基础的行业,为支持实物产品的销售而向消费者提供的附加服务。

(二)新创企业的业务发展

》》 1. 营销过程

营销是关于企业如何发现、创造和交付价值以满足一定目标市场的需求,同时获取利润的学科。营销学用来辨识未被满足的需要,定义、度量目标市场的规模和利润潜力,找到最适合企业进入的细分市场和适合该细分市场的供给品。

在具有不同的政治、经济、文化的国家,营销不应该一成不变。即使在同一个国家,在消费品行业、B2B行业和服务业,营销方式也是不同的。而在同样的行业里,不同的企业也有着各自不同的营销方式。营销流程包括机会的辨识、新产品开发、对客户的吸引、保留客户,培养忠诚客户、订单执行,这些流程都能够处理好,营销通常都是成功的,如果哪个环节出了问题,企业就会面临生存危机。

▶▶ 2.营销要素

一般来讲,市场营销包括四个要素:"产品、价格、渠道、促销",后来又增加了一个,变成了"需求(即产品)、服务(即配套服务)、成本(即成本和价格)、便利性(即购买渠道)、沟通(即宣传推广和促销)"。

(三)新创企业的财务管理

新创企业是指刚成立的企业,企业在这个时期的财务制度会直接关系企业的正常发展。企业的发展具有不同的发展阶段,每个发展阶段实际情况的不同决定了每个阶段都有其特征,因此新创企业面临的财务问题与其他阶段的有所不同。自我国实行社会主义市场经济体制以来,越来越多的人开始自创企业,创业初期管理者面临的问题涉及财务、管理和技术等多个方面,财务问题是创业者不得不解决和关注的问题。但是许多新创企业不重视财务管理,忽视财务管理在企业健康发展中的地位和作用,不充分发挥企业财务管理及风险控制在新创企业中的作用。

▶▶ 1.新创企业财务管理存在的问题

(1)财务控制被忽视

许多新创企业经营管理者习惯于依靠自己的喜好来制定财务控制制度,且无法形成稳定的制度,经常更换财务管理规则,因此企业的财务管理比较随意和盲目。据研究者调查,新创企业财务控制制度不健全,没有形成完善的财务清查收支审批制度和成本核算制度,虽然建立了几项财务控制制度,但流于形式,在实际工作中并未得到执行。为数众多的新创企业忽视财务控制,没有认真执行账实、账证和账账核对等会计核算流程,从而导致会计资料不真实可靠,使得管理者无法真正把握企业的资金流动。

（2）银行贷款成本高

由于许多新创企业的财务管理制度与财务报告制度不完善,审计部门无法得到真实的财务报表,经营业绩不好,财务资料不完整、不准确,因此银行不容易收集到借款企业完整而准确的财务信息,或者需要消耗很大的成本去收集、鉴别企业的财务信息。银行想审查新创企业财务信息要面临很大的难度,使得银行借贷风险较大,同时管理新创企业贷款的成本也会相对增加。银行缺乏足够信息去评估新创企业能否成功地发展下去,因此许多银行不愿意为借贷款金额低的新创小企业提供贷款。另外,大多数新创企业将面临与成熟企业激烈的竞争,将面临巨大的经营风险,被市场竞争所淘汰的概率比较高,银行融资面临的风险也会增大,获得的投资回报不高,新创企业也不能依照银行的规定提供相关财务信息,从而导致银行无法承受新创企业的信贷。

（3）财务风险管理缺乏

由于新创企业面临的创业环境不明朗、管理者经验不足、企业员工对工作不熟悉、投资者能力不强等一系列因素使得新创企业将面临各种风险。其中最大的风险是财务风险,但是新创企业的管理者很少会事前科学估计和分析将要面临的财务风险,而是主要关注企业经营和生产,没有多少精力来检查财务管理工作,在资金管理、信息获得、资源控制、管理能力等方面都存在缺陷。很多新创企业由于欠缺抵御风险的能力,无法成功规避各种风险,最终导致企业倒闭。

（4）流动资金不足

许多有经验的企业管理者都认为新创企业想生存与发展必须要有足够的现金。现金储备不足会对新创企业的盈利和偿债能力产生巨大的负面影响,进而破坏新创企业的市场信誉,使企业资金无法周转,甚至造成资不抵债而使企业破产。新创企业的产品和服务在受到购买者们广泛认可并开始盈利之前,对现金的依赖程度大,此时新创企业保持足够的现金储备至关重要。因为新创企业的销售暂不稳定,企业无法持续盈利,而各项成本花费必须要支出,面临的风险又很多,此时企业如果出现资金短缺,又无法筹集资金保证企业正常运转,将会导致企业最终破产。然而许多新创企业的管理者对现金短缺而造成的风险不够重视,他们过分关注企业的销售增长和盈利状况,忽视企业的现金储备,盲目扩大规模并造成对固定资产需求增加,使企业现金储备不足,缺乏资金预算。

（5）投融资决策不科学

很多新创企业的管理者片面地认为企业能否健康发展下去关键在于要充分利用机会扩大企业规模,只要将企业规模扩大,企业就能在激烈的市场竞争中脱颖而出。但是如果没有理性且科学的财务管理措施和避免风险的措施,企业就会面临巨大的财务风险甚至资金短缺,使新创企业破产的风险增大。在我国资本市场上,不是所有的企业都能够通过发行股票来进行集资和分担风险。新创企业无法满足股票发行的条件,因而无法公开向市场发行债券和股票来进行融资。目前我国许多新创企业的流动资金主要依靠银行贷款,但是由于新创企业的相关风险信息搜集困难,银行的贷款规章制度比较严格,这就增加了新创企业融资困难,同时也增加了新创企业的财务风险。

2. 新创企业财务管理完善措施

(1)优化财务管理机制

主要表现在:一是建立完善的记账系统迫在眉睫。新创企业面临诸多问题,如购买固定资产、准备原材料、提供服务等生产经营活动,创业者不仅要高度重视现金和产品的管理,更要重视对原材料、半成品的管理,对这些企业资产要做到及时入账,从而对接好企业的实际财务活动与账面财务活动。二是企业要明确经营活动中财务管理的对象、目标及管理方式,并且对生产经营过程中的各项财务活动都需要进行管理监督,从而形成良好的内部控制机制,保证财务决策的合理性、科学性。三是融资决策需要明确的企业资本结构分析及偿债能力分析报告,投资决策需要依据规范的财务资源需求及投资回报情况报表等。四是建立良好的清查分析系统,定期盘查企业自身的财务状况,分析企业的资产负债率、存货周转率、应收账款比例及坏账比率等财务风险指标,将盘查结果形成规范的分析报告并记录存档,作为新创企业日后发展的重要参考依据。

(2)强化现金流量管理

现金流量是评价企业综合素质的重要指标,是企业财务管理的核心内容。新创企业要坚持"现金为王",高度警惕现金的流向、流量和周转率,以免资金链断裂。同时,新创企业应严格地对安全区内的可供资金量和对资金使用效益进行评估,以作为决定企业发展速度和规模扩张的重要前提。做到现金流入与流出时在时间、金额方面的匹配。新创企业要严格限制短贷长用,避免将大量的短期债务资金用于大规模的长期资产购建,要将债务流动性风险控制在合理的范围内,这是新创企业长足发展的重要保障。

(3)建立财务风险预警机制

财务风险预警能及时发现财务管理的问题,提前发出预警信号,警示企业及时分析财务恶化的原因,积极采取措施改善财务状况和财务结构、化解财务风险。新创企业要建立完善的风险防范体系,规范企业内控制度建设,确保财务风险预警和监控制度有效运作,这要求新创企业建立实时、全面、动态的财务预警系统,对企业在经营管理活动中的潜在风险实时监控。要以企业的财务报表、经营计划及其他相关的财务资料为依据,通过对财务指标的分析了解企业的资金运行状况、偿债能力和盈利能力,准确预测出企业财务状况的一些危机所在。

(4)关注财务预测

许多新创企业在发展过程中较少关注财务预测,因而面临极大的不确定性。新创企业若能分清确定与不确定事项,并进行相应的财务预测,不仅能发挥财务管理职能,更能控制财务风险。财务预测是企业对企业花费、成本的合理估算,是对未来增长的合理预测。在企业整体目标确定的情况下,做好各类费用预算等,确定企业维持正常运作的现金持有量及时做好企业的筹资工作。企业在确定各部门费用预算后,就能够在一定程度上合理安排企业各项日常活动,具体把握什么事情应该做,什么事不应该做,从而在最大程度上管理好企业现金的流出,将有限的现金用在刀刃上,实现新创企业的持续发展。

(5)降低企业融资成本

企业融资成本决定了企业融资的效率,对于大多数新创企业而言,选择哪种融资方式具有重大战略意义。一般情况下,基于融资来源划分融资方式,其融资成本的排列顺序依次为:财政融资、商业融资、内部融资、银行融资、债券融资、股票融资。此外,在选择银行融资时,需要充分注意各大银行间信贷政策的差异,最好选择近年来出台了扶持新创企业最为有利、最为优惠的银行。以中国银行为例,它出台了诸多针对中小企业的信贷政策,对新创企业的成长产生了积极的影响。

(四)新创企业组织管理

>> 1. 企业组织管理定义

企业组织管理,具体地说就是为了有效地配置企业内部的有限资源,为了实现一定的共同目标而按照一定的规则和程序构成的一种责权结构安排和人事安排,其目的在于确保以最高的效率,实现组织目标。

▶▶ **2.** 企业组织管理内容

关于管理的组织职能,如果从比较抽象的概念看,就是把总任务分解成一个个的具体任务,然后再把它们合并成单位和部门,同时把权力分别授予每个单位或部门的管理人员,或者说,我们可以从划分任务、使任务部门化和授权三方面来论述。企业组织管理的具体内容包括以下两个方面。

(1)确定领导体制,设立管理组织机构。什么是体制呢? 体制是一种机构设置、职责权限和领导关系、管理方式的结构体系。确定领导体制,设立管理组织机构,其实就是要解决领导权的权力结构问题,它包括权力划分、职责分工及它们之间的相互关系。当然,在确定领导体制时,形式可以多种多样。(2)对组织中的全体人员指定职位、明确职责及相互划分,使组织中的每个人都明白自己在组织中处于什么样的位置,需要干什么工作。要设计有效的工作程序,包括工作流程及要求。因为一个企业的任何事情都应该按照某种程序来进行。这就要求有明确的责任制和良好的操作规程。一个混乱无序的企业组织是无法保证完成企业的总目标、总任务的。

▶▶ **3.** 企业组织管理性质及特点

(1)性质

企业组织管理属于上层建筑的范畴,是一定社会经济发展的产物,并随社会经济发展水平而逐渐发展变化。它一方面是社会生产力发展水平的反映,或者说,一定的组织管理水平反映了一定的社会生产力,体现在组织管理手段、工具和方法的发展;另一方面又是一定生产关系的反映,体现的是人与人之间的关系,是管理者意志的反映。

(2)任何管理组织都是一定时期、一定条件下为实现预期目标的一种手段,而且是十分重要的手段

因为对于任何一个组织,管理的成败主要取决于两个方面的因素:一是领导人的能力;二是组织管理的有效性,这两个因素是相互依存、相互补充的。在一定时期、一定条件下,即使组织不先进,由于领导人能力很强,也可以暂时凭借领导人的才能来弥补管理组织中的不足,可一旦领导人更换和调整,管理工作就很可能受到挫折和失败,因此任何管理工作的成败,一个健全的组织是必不可少的手段,而且领导人的能力与有效的组织相比,一个良好的管理组织更具长期性和稳

定性。

（3）组织结构是一个变量

组织结构是指组织中各部分之间相对稳定关系的一种模式。组织结构不存在一成不变和所谓最好的模式。因为企业发展的目标、环境、内部条件是不断变化的，昨天较好的组织结构也许拿到现在就不适用了，所以组织结构需要不断地调整、改革和不断地完善。任何组织机构都不可能也达不到最优，因为它只是实现目标的一种方案。任何方案有利必有弊，十全十美的方案是不存在的。因此，评价任何组织结构都应根据一定的目标、环境和原则，从中挑选一个较好的方案——满意方案。

组织是一个动态的概念和过程。其原因有：首先，组织结构必须反映目标和计划，而目标和计划是随时在变的；其次，结构反映了管理者可以适用的职权，而这个由社会决定的处理问题的权限是会变化的；再次，组织机构必须同其环境相容，不断变化的经济、技术、政治、社会及伦理因素构成了组织结构的前提条件；最后，由于组织管理的对象主要是人，即除了研究组织本身的优缺点外，还要考虑组织中人的积极性。如果说一个企业人不行，再好的组织也无效果，因此组织管理就是要考虑人和组织机构、人与方案的有机结合，即考虑人的素质。组织管理是一个非常复杂的、动态的概念。

▶▶ 4. 新创企业组织管理要点

（1）目标管理明晰化

目标管理明晰化是指与新创企业的战略目标、市场定位、竞争战略等必须由原来的模糊状态逐步向清晰转化。通过目标的明晰化过程，将企业的整体目标逐级分解，转换为各部门、各成员的分目标。从整体目标到经营单位目标，再到部门目标，最后到个人目标，这些目标方向一致、环环相扣、相互配合，形成协调统一的目标体系。每个成员完成了自己的分目标，整个企业的总目标才有完成的可能。国际品牌网提醒企业家在进行目标管理时要严谨，新创企业最忌亲疏有别，任人唯亲。

（2）组织结构规范化

新创企业成立阶段，组织结构往往也比较模糊，并且处于非正式状态，权责也难以明确，主要是创业者进行初步分工协调的过程。在成长阶段，新创企业要将组织结构逐步正式化和规范化，要根据创业阶段组织成员的分工协调情况，进行分析，总结经验，重新对工作任务的分工、协调合作进行规划和设计，明确各部门及成员的职能和职权,制定规范的规章制度,从而提高组织成员的工作效率。

（3）制定决策程序化

新创企业创立阶段,对于创业者来说,面临的都是新问题,且由于缺乏相关的决策经验,进行的都是例外的及非结构化的决策,往往具有试探性。经过创业阶段的检验,在成长阶段,创业者应该将之前的这些例外的及非结构化的决策进行总结归纳,形成制定决策的程序化流程。以后如果遇到创业阶段出现过的问题,则可以按照程序化决策的流程进行解决。

（4）运作标准化

创业阶段形成的业务模式,实际上也积累了产品或服务生产运作的经验,包括产品设计、生产流程设计等。在成长阶段,创业者应该依据经验将生产运作中的一系列标准制定出来,从而提高企业的生产效率。对于生产型的新创企业来说,生产运作标准化的一个重要体现是机器设备的运用,因此其成长的一个重要标志就是购置机器设备。

（5）组织知识归核化

在创业阶段,对于创业者来说,环境分析、机会识别、资源整合、战略确定、计划制订及创业运营都是创新性活动。在这些创新性活动中,新创企业形成了独特的思考方式、机会识别能力、资源配置方式、核心竞争力等隐性知识及显性知识。在成长阶段,新创企业需要实现知识沉淀、共享、学习、应用和创新的思路方法,将这些知识转化为企业的核心竞争力,并以此为核心形成企业文化。以上五个方面的企业管理原则是遵循创新与控制统一原则的体现,贯穿于新创企业成长管理的始终,具体体现在新创企业成长管理的人力资源管理、绩效管理、财务管理、营销管理等各个方面。随着新创企业成长管理的进程,新创企业逐渐走向规范,创业者日益成为一个成熟的企业家,新创企业管理也随之迈向企业管理的新阶段。

六、商业计划书

（一）商业计划书的概念

商业计划书是公司、企业或项目单位为了达到招商融资和其他发展目标,在经过前期对项目进行科学的调研、分析、搜集与整理有关资料的基础上,根据一定的格式和内容的具体要求而编辑整理的一个向投资者全面展示公司和项目目前状况、未来发展潜力的书面材料。商业计划书是以书面的形式全面描述企业所从事的业务。它详尽地介绍了一个公司的产品服务、生产工艺、市场和客户、营销策略、人力资源、组织架构、对基础设施和供给的需求、融资需求及资源和资金的利用。

编写商业计划书的直接目的是为寻找战略合作伙伴或者风险投资资金，其内容应真实、科学地反映项目的投资价值。一般而言，项目规模越庞大，商业计划书的篇幅也就越长；如果企业的业务单一，则可简洁一些。一份好的商业计划书的特点是：关注产品、敢于竞争、充分进行市场调研、资料说明有力、表明行动的方针、展示优秀团队、良好的财务预计、出色的计划概要等几点。在申请融资时，无论申请对象是风险投资机构还是其他任何投资或信贷来源，商业计划书是至关重要的一环。因此，商业计划书应该做到内容完整、意愿真诚、基于事实、结构清晰、通俗易懂。

（二）商业计划书的形式

▶▶ 1. WORD 型

一本装订精美的文本计划书，以文字阐述为主。这种形式的优点是内容完整、结构严谨，能够完整地呈现企业的情况。但缺点是由于篇幅较大，阅读时间较长。

▶▶ 2. PPT 型

以漂亮的幻灯片方式表现，这种形式的优点是生动活泼，重点突出，内容一目了然，易理解，但缺点是不够严谨和完整，难以全面细致地反映公司全貌。

（三）商业计划书的内容

商业计划书应能反映经营者对项目的认识及取得成功的把握，它应突出经营者的核心竞争力，最低限度地反映经营者如何创造自己的竞争优势，如何在市场中脱颖而出，如何争取较大的市场份额，如何发展和扩张。种种"如何"构成商业计划书的说服力。若只有远景目标、期望而忽略"如何"，则商业计划书便成为"宣传口号"而已。它的主要内容有产品与服务、运营计划、资源需求、关键部分。

（四）商业计划书的作用

制定商业计划书有很多作用，其中最重要的有以下几条。

▶▶ 1. 达到企业融资的目的

一份好的商业计划书是获得贷款和投资的关键因素之一。一份高质量且内容丰富的商业计划书,将会使投资者更快、更有效地了解投资项目,将会使投资者对项目充满信心,并投资参与该项目,最终达到为项目筹集资金的作用。

商业计划书是争取项目融资投资的敲门砖。投资者每天会接收到很多商业计划书,商业计划书的质量和专业性就成了企业需求投资的关键点。企业家在争取获得风险投资之初,应该将商业计划书的制作列为头等大事。

▶▶ 2. 全面了解你的企业

通过制订相应的商业计划,你会对自己企业的各个方面有一个全面的了解。它可以更好地帮助你分析目标客户、规划市场范畴形成定价策略,并对竞争性的环境做出界定,在其中开展业务以求成功。商业计划书的制订保证了这些方面面的考虑能够协调一致。同样的,在制订过程中往往能够发展颇具竞争力的优势,或是计划书本身所蕴藏的新机遇或是不足。只有将计划书付诸纸上,才能确保提高创业者管理企业的能力。也可以让创业者集中精力,抢在情况恶化之前对付计划书中出现的任何偏差。同样,创业者将有足够的时间为未来做打算,做到防患未然。

▶▶ 3. 向合作伙伴提供信息

使用商业计划书,为业务合作伙伴和其他相关机构提供信息。

在编撰计划书过程中,最重要的目的是找到一个与自己能够成为战略合作伙伴的投资者,以期待企业更加充满活力,达到多方的共同发展。

七、成长中企业的管理

(一)企业成长的动因与来源

在经济全球化、信息化、知识化和市场化的今天,作为经济活动的主体——企业,其形态正在不断地发生着变化,超级大企业的不断涌现和中小企业数量的剧增正在成为一种趋势。虽然大企业是国民经济的支柱,是衡量一个国家经济实力和国际竞争力的重要标志,但是中小企业同样也是国民经济的重要组成部分,是社会经济发展中一支具有极其特殊地位的经济力量。这些数量众多的中小企业在扩大就业、促进技术创新及调整经济结构、创造国民财富上发挥着难以替代的作用。但是由于中小企业自身实力、发展的稳定性和抗风险能力等方面存在缺陷,其死亡率非常高,在激烈的市场竞争中往往难逃被淘汰的命运。然而现实中我们又常常看到,随着经济的发展,和大企业相比,中小企业反而能够表现出更强的竞争力。一些小企业在市场的竞争中脱颖而出,甚至在很短的时间内就能够实现大企业曾经实现的业绩,这其中的变化,迫使我们去寻找中小企业成长的动因究竟源自哪里。由于中小企业拥有不同的发展阶段,每个阶段都有其独特性,在不同的发展阶段也就会面临不同的挑战,这就需要解决不同的问题,需要不同的企业家精神与之相匹配。因此,企业家需要根据不同时期的特点,匹配不同的企业家精神,并渗透不同的战略,构建不同时期的竞争优势,结合企业的资源与能力形成企业的核心竞争力,使企业保持长久的活力,不断向前发展。企业持续成长的根本动因在于战略定位与能力推进。在现有竞争优势来源的多种理论交汇点处,构造了基于战略与能力的企业持续成长分析框架。在此框架内,战略与能力对其他各种影响因子都具有支配与统帅功能,尤其当两者互动与融合时,对企业生命周期的演进具有决定性作用。

(二)企业成长的阶段性

一个企业从诞生开始,一般要历经几个大的阶段:生存期、成长发展期、衰败期。这里主要谈谈成长发展期的特点和挑战。

在生存期,有企业新生的兴奋,经过了自己的体验终于初步见到成果了,一切都循规蹈矩、一步一个脚印地努力拼搏。

在成长发展期,企业规模会按照自己的发展模式运行或扩大,提高业绩。要是得益于创建企业时机的天时,或占有了地域优势的地利,或调动了各类人等的人和,往往会产生很大的商业效益,但是处于成长发展期的企业,大有大的困惑,小有小的难处,牵涉员工、客户、股东、供应商、经销商,甚至地方政府的饭碗和兴衰。

(三)管理体系的概念与内容

▶▶ 1. 管理体系的概念

一体化管理体系有狭义和广义之分。狭义的一体化管理体系如将上述"两标"整合的一体化管理体系或上述"三标"整合的一体化管理体系;广义的一体化管理体系如集约型一体化管理体系。

集约型一体化管理体系,是 QHSE(质量管理体系、环境管理体系、职业健康安全管理体系)等"多标"一体化整合管理的再扩展、再提升。QHSE 等"多标"整合而成的一体化管理体系自成系统,是一个独立运行的体系;但若以企业为整体,从全局角度和系统目标来看,QHSE 管理与企业其他诸多专项管理仍是多体系在运行;而在我们所说的集约型一体化管理体系中,质量管理、环境管理系、职业健康安全管理只是管理体系的一个重要组成部分。

集约型一体化管理体系是企业为充分发挥自身整体效能,满足相关的法律法规、国家标准和相关方及其他要求,履行应尽的经济责任、社会责任和政治责任,实现组织的目标,借鉴"多标"整合成一体化的思路,以企业为整体,将组织所有资源和活动按照过程方法重新整合成一体的一种管理体系模式。其内涵可概括为:以控制论、系统论、信息论理论为指导,全面吸收和广泛应用 ISO 9001 标准的管理理念、原则和方法,从企业全局角度和系统目标出发,将全部活动和相关资源作为过程进行控制,将相互关联的过程或过程网络作为体系来管理,在充分识别企业适用的法律法规、技术性标准及其他要求、分析比较包括我国企业标准体系等在内的不同体系标准特定要素,确定企业内部包括党群工作在内的所有管理过程和相互作用、优化配置管理资源的基础上,通过吸收整合、总结提炼、丰富扩展而形成以过程为基础的、以企业为整体的管理体系,并以文本化形式予以体现,用以规定和指导过程或体系的实施、保持和持续改进。

该体系要求覆盖企业内部管理各个方面,做到"横向到边、纵向到底",用一套制度支持全方位管理,既能满足多个体系标准认证要求,又能促进各项管理职能有机融合,形成集合协同优势,充分利用有限资源,建立自我完善的运行机制,有利于提高企业整体管理的效率和效果,实现企业的方针和目标。

建立、实施该体系能使企业广泛采用当今国际通用的、公认的 ISO 9001 的管理理念、原则、方法和技能,在企业管理方面逐步与国际要求接轨;并随着体系的持续改进,在企业逐步形成相对统一的管理理念、思想、方法和具有自身特色的管理文化的同时,为企业全面提升竞争能力、实现可持续发展、承担应尽的经济责任、社会责任和政治责任奠定坚实的基础。

》》2. 企业管理的具体内容

(1)计划管理。通过预测、规划、预算、决策等手段,把企业的经济活动有效地围绕总目标的要求组织起来。计划管理体现了目标管理。(2)组织管理。建立组织结构,规定职务或职位,明确责权关系,以使组织中的成员互相协作配合、共同劳动,有效实现组织目标。(3)物资管理。对企业所需的各种生产资料进行有计划的组织采购、供应、保管、节约使用和综合利用等。(4)质量管理。对企业的生产成果进行监督、考查和检验。(5)成本管理。围绕企业所有费用的发生和产品成本的形成进行成本预测、成本计划、成本控制、成本核算、成本分析、成本考核等。(6)财务管理。对企业的财务活动包括固定资金、流动资金、专用基金、盈利等的形成、分配和使用进行管理。(7)劳动人事管理。对企业经济活动中各个环节和各个方面的劳动和人事进行全面计划、统一组织、系统控制、灵活调节。(8)营销管理。是企业对产品的定价、促销和分销的管理。(9)团队管理。指在一个组织中,依成员工作性质、能力组成各种部门,参与组织各项决定和解决问题等事务,以提高组织生产力和达成组织目标。(10)企业文化管理。是指企业文化的梳理、凝练、深植、提升。是在企业文化的引领下,匹配公司战略、人力资源、生产、经营、营销等管理条线、管理模块。

第六章　大学生众创空间建设

随着我国经济和科学技术的飞速发展,我国的经济结构也在升级转型。但是在这些成绩的背后,不能忽视的是随着我国人口的快速增长和人口老年化的加快,社会的就业压力日益严重。作为社会主义建设未来建设主要力量的当代大学生,提高自主创业能力,成了缓解就业压力的重要途径。高校大学生创业必须以众创空间为依托、积极发挥政府政策的引导作用,在创业导师的正确指导下,加强创业项目技术和资金的投入,生产符合市场价值观念的新产品。

第一节　大学生众创空间建设的途径与方法

一、高校创业教育中阻碍"众创空间"发展的因素

近年来我国政府对于高校创业教育的重视程度不断加强,一系列鼓励和扶持大学生创业的政策相继颁布,而且高校也逐渐加大了创业教育的执行力度和重视,但是显然,传统的教育模式和落后的教育理念,都极大地限制了我国高校创业教育的进一步发展,也影响了我国大学生创业的进程,这也是阻碍众创空间平台有效发展的重要因素。

(一)高校对于创业意识的培养有所缺乏

当前我国高校的创业教育中对于大学生创业意识的培养还有着很多薄弱的环节,我国经济形势的变化为就业带来了很大的改变,大学生传统的就业观念已经落后于社会发展现实。因此当代大学生应该从思想上转变以前旧的就业观念,要积极的实现从就业者到创业者的转变。这些不但需要大学生自身的学习和对就业问题的了解,也需要高校的参与,可是现阶段我国的大部分高校都缺乏对于创业意识培养的相关课程,在高校内部对于创业意识的宣传微乎其微,在一大部分高校中仅有一小部分大学生对于创业的概念有着比较基本的认识。同时在已经开办创业教育课程的高校例如复旦大学、浙江大学等,创业教育课程也比较不规范,缺乏系统的学习规划,这样的现象导致我国高校中大学生的创业意识淡薄,创业观念培养存在着很大的缺陷。

(二)高校创业教育师资队伍力量较弱

高校创业教育是一个系统性的教育体系,从专业的创业教育教师,到科学的创业教育体系,再到先进的教学内容,这些都是创业教育体系中必不可少的一部分。然而对于我国高校而言,创业教育是一个全新的教育工程,在我国高校中的起步较晚,相关的师资队伍建设十分落后,具备专业创业教育素养的教师严重匮乏。非但如此,创业教育体系是一个理论与实践相结合的体系,不但需要课堂教学,更需要实践。这样就给我国的创业教育开展带来了很大的阻碍,由于我国高校创业教育实践性课程的开展需要大量的资金和渠道,对于一部分高校而言是很大的困境,而且高校的创业基地建设也比较落后,很难形成完整的创业体系。

(三)高校创业教育的资金不足

虽然近年来我国政府和高校对于创业教育的支持力度逐年增加,但是不可否认的是支持力度还是有所欠缺,由于资金有限和观念的缺失,大部分的资金扶持都用来支持学生创业活动的开展,而对于基础教育设施的资金投入则十分有限。从而导致了高校的创业教育面临困境,相关的教材内容落后,实践案例不足等一系列问题的出现使得创业教育很难培养出具备专业素养的大学生,自然导致了大学生创业热情的消减,使得大学生创业活动的开展受到阻碍。

二、从高校创业教育角度促进众创空间的发展

中国的创业教育在现阶段已经取得了一定的成效,也积累了一些经验和教训,但是在严峻的社会就业形势下,我们更要在已有经验和教训的基础上,加大对于高校创业教育改善的支持力度,要有针对性地对创业教育中出现的问题及时解决,才能够更好地推动我国大学生创业教育的开展和实践,以提高我国高校众创空间的发展水平。

(一)加强高校创业教育体系的完善

大学生创业教育的顺利开展需要一个完善的教育体系,高校创业教育是一个理论与实践相结合的复杂过程,因此在实际的创业教育中,在课堂教学过程中,要拓宽大学生的创业思维,采用立体式教学手段来开展创业教育活动,将理论学习贯穿在实践活动中,将实践活动结合在理论学习中,使二者有机地结合在一起,来

加强大学生对于创业知识的学习和创业理念的培养。例如可以在教学的过程中将课堂放在创业基地,在对创业基地创业活动的开展中传授课堂知识,达到理论和实践的统一。除此之外,要有效地加强大学生创业教育的创新性,要积极的学习发达国家先进的教育体系,结合高校实际情况,创造出符合高校实际情况的创业教育体系,对大学生的创业活动进行完善的培养和支持,提供专业的创业指导和规划为我国大学生的创业活动提供保障。

(二)加强高校创业教育师资队伍的培养

高校创业教育师资队伍是高校创业教育发展的重要动力,他们作为高校创业教育的一线教师,自身的专业素养对于创业教育的开展有着很大的影响。所以高校必须要加强对于创业教育师资队伍建设的投资,要加大资金支持,选拔具备专业素养的创业培训教师,并且适当的吸收发达国家的先进创业教育理念,在开展创业教育的过程中,邀请优秀的创业人士和专家对于大学生关于创业过程中的疑问加以讲解,培养合理的创业思想和正确的观念。除此之外,还要加强教师队伍的定期培训,选派教师出国学习交流,学习先进的创业教育知识,以确保创业教育能够保持先进水平,培养出适合社会发展的创业型大学生。

(三)加强对创业教育的资金投入

我国的创业教育由于其起步较晚,虽然国家有关部门和高校对其重视程度和支持力度都在逐年增加,可还是有所欠缺,因此国家有关部门和高校仍然要进一步加大创业教育的资金投入,并且要加大对于基础创业教育的资金投入,要组织优秀的创业教育专家和成功人士编写高质量的创业教育教材,并且要加大对创业教育的基础性设施建设,使用多媒体教学,促进创业教育课堂教学的丰富性和多样性,为大学生更好的学习创业知识提供保障。

三、有效提高高校众创空间整体水平的建设思路,

高校众创空间想要得到进一步的发展,同时发挥自身的特色,真正为大学生的创业活动做出贡献就需要立足于当地的文化及特色产业,在为大学生提供优质就业平台的同时还要带动当地经济的发展。这就要求高校众创空间平台在于当地经济发展相互融合,并且发展自身高校创业平台的特点及优势,建立起专业且具有现实性意义的创业空间。高校创业平台应该深入分析当地的经济发展特点,

同时发现其中的细分产业,抓住区域经济发展过程中的空缺或者是薄弱之处,这样才能在激烈的市场竞争中获得自身的一席之地,并且促进当地经济的进一步发展。高校众创空间还应该重视与当地企业、科学研究所等机构的相互合作,建立起一个互利共赢的发展平台,促进各方共同发展,培养起真正的创业型人才,为社会经济的整体发展做贡献。高校众创空间应该清楚地意识到自身价值,明确自身与外界创业平台的差异,具体来说,众创空间应该从以下几个角度入手。

(一)众创空间的创新技能培训教学

众创空间作为高校内部的创业平台应该提高培养人才,为如今的创业及经济市场注入新鲜血液的作用,所以创新技能培训功能是众创空间必须具备的一项功能。想要真正具备创新技能培训功能首先应该将这项功能与普通的创业培训课程相区分,应该注入创新的元素。这就需要培训人员具备丰富且专业的知识技能,甚至包括相关软件的编程等内容。众创空间需要在必要的时候聘请专业的讲师和技术人员来为众创空间中的大学生进行专业的培训。只有创业大学生具备了这些基本的能力才能够实现创新产业的开发与营销等后续工作。

(二)创业创新产品的研发

成功实现创新产品的研发需要创业人员进行深入的市场调研分析,明确如今市场上需要的金融及其他类经济产品,了解市场及客户对创新产品的要求,同时掌握当代市场对创新产品的满意度应该如何去实现,进而有针对性地进行开发研制,这样才能够产生市场需要的创新产品。所以众创空间在运作的过程中需要重视这一内容,让大学生具备根据市场需求来创业的意识,同时组织不同专业,不同领域的学生共同加入一个创业项目的工作中来,各自发挥自身的长处,写作完成一项高质量的创新产品。除此之外,众创空间内的相关人员应该意识到创新产品开发对于创业的重要作用,且投入必要的人力、物力及资金进行产品研发工作。

(三)众创空间的创业孵化功能

创业孵化功能是社会上许多创业平台在发展过程中最重视的功能之一,对于高校的众创空间而言亦是如此,只有具备了这一功能在能够实现创业平台上的项目真正融入社会经济的发展,带来实质性的经济效益。为了使高校众创空间真正具备这项功能,应该通过科学合理的方式为创业项目注入社会资源,甚至为高校众创空间建立专门的创业基金,并且为众创空间平台上的创业项目提供必要的服务,这样才能提高创业孵化的成功率,让众创空间为社会经济的发展贡献其真正的效益。

第二节　大学生众创空间的运营机制

目前,对于众创空间的构建是当下创业体系发展的特点,这在很大程度上鼓励了大学生创业的热情,同时为大学生提供了一定的平台。目前,我国对于众创空间的研究还处于初级阶段,还存在一定的不足,例如制度、运营模式的不完善等,因此,我国相关部门可以通过相关的制度、条例等有效改善众创空间的发展环境,缓解城市内部能源过剩等情况,减少大学生的创业成本,实现城市内部不动产的有效流动,实现行业的升级与创新,提升资源的利用效率,从而为国家经济的发展提供新的动力。

一、大学生众创空间的主要建设目标

大学生众创空间是近些年才逐渐兴起的一项服务体制,其同时具有教育、载体及产业等属性,其能够为大学生提供科学、可靠的创业平台、大学生创业教育是高校教育的重要内容,其能够有效实现学生自我价值,创造更大的利益,众创空间是高校进行创业改革与教育的主要平台,其能够为大学生创造必要的创业条件与理论基础,因此,相关高校应该将创业活动教育归入创业平台建设的主要内容。

(一)实现新项目的创建

产业性是大学生众创空间建设的重要内容,其可以通过相关的市场与产业信息完成创业活动的实践,其能够有效实现创业活动向产业实践的转换,从而为大学生接触产业活动提供一定的平台,即可以利用项目的培育实现企业的起步,从而赢得更高的经济收益,实现经济效益的增长与提升,促进我国市场的发展。

(二)建立生态化的创业系统

大学生众创空间的构建能够为我国的创业体系注入更多的活力与动力,不断自我推动创业系统的进步,从而实现其生态化发展。大学生众创空间是创业系统生态化的建设基础,其可以通过有效的项目管理与资源配置实现众创空间的发展,从而最大程度提升市场人力、物力及理论资源的利用效率,提升创业项目的质量与可行性。

二、大学生众创空间的运营机制问题的应对策略

(一)实现校企合作

对于大学生众创空间的构建,主要是以学校为主体,但是学校应该加强与企业的合作、交流,从而为创业活动项目的实践提供一定的产业平台。在传统的运营机制中,学校往往将大学生众创空间全部承包给企业,这会在很大程度上影响众创空间教育职能的发挥,而学校独立承包大学生众创空间的运营,则会在很大程度影响产业的积极性,从而降低学生对于创业项目的创新性。除此之外,对于学生独自运营的众创空间,其不仅具有很大的运营风险,还容易导致发展方向的偏移,使其过分重视项目的经济效益,而忽视的创业方面的教育。实现校企合作,不仅能够为创业项目的实践提供必要的企业资源与平台,还能够对其进行有效的教育,因此,学校应该加强对于大学生众创空间校企方面的合作。

(二)提供以项目为主的服务

创业项目是大学生众创空间的主要内容,因此,其全部服务都应该以创业项目为主实现服务质量的提升。学校应该为满足学生创业项目的具体需求,提供基本的条件与平台,例如政策、资金、人力及企业平台等,从而更好地实现众创空间的发展与进步。以创业项目为主的服务,首先,应该实现众创空间运营的市场化,从而为项目的实践提供可靠、有效的平台;其次,学校应该建立高效的信息平台,拓展学生获取信息的渠道,从而更好地实现信息获取的时效性,为创业项目的实践奠定基础;最后,学校可以加强对技术与相关机制的完善,通过技术辅导、融资平台等体系,提升众创空间的服务质量。

(三)完善顶层设计

对于顶层的设计,能够在很大程度提升资源的使用效率,面对高速发展的市场趋势,相关工作人员应该确定合理的考核标准,实现大学生众创空间运营的合理性与标准性。除此之外,学校还应该重视众创空间的运营质量,通过与具有实力与经济基础的企业合作,从而有效提升大学生众创空间的对外竞争力,实现其

规模的拓展,积极引导学生的相关创业项目向各大领域发展,总而言之,顶层设计对于大学生众创空间的整体运行来说具有非常重要的作用。

(四)政府职能的应用

政府相关部门应该鼓励大学生众创空间的构建,通过相关的政策与制度,降低大学生的创业门槛,为其自主创业提供一定的便利,例如可以有效简化企业登记程序、实现产业体系的改革、降低大学生创业税率等,从而鼓励大学生的创业,提升其创新能力、自主意识与经营理念等,创造更加良好的创业市场氛围,从而塑造符合市场需求的人才,进一步实现我国企业与经济的发展,将创业作为推动经济进步的主要动力。除此之外,政府还应该加强对相关方面的人才与物资投入,为大学生的创业提供更为优质、全面的环境与资源,有效调动大学生的积极性。

综上所述,大学生众创空间运营机制的改革对于我国经济的发展来说起着非常重要的作用,目前,我国大学生的创业积极性普遍较高,因此,政府相关部门应该加强对运营机制的完善,从而为大学生创业提供优质、完善的资源与平台,推动创业项目的稳步发展。另外,政策对于众创空间的运营也具有非常重要的作用,因此,国家应该加强对大学生众创空间的政策鼓励与支持,完善相关的制度体系,从而为众创空间的运营提供必要的依据。目前,众创空间的运营机制已经成为影响其稳定运行的重要因素,因此,相关人员应该加强对该方面的重视,实现运营机制的完善。

第三节　大学生众创空间科技成果的转化

大学生应该具备专业知识能力、沟通与协调能力、学习能力、实践能力和创新能力,这些职能体现在大学生能否将在大学里学到的知识转移到自己的科技研究上,将研究成果转移到社会和商业成果上,也就是大学生通过众创空间的作用将知识流通到科技成果转化的应用模式上。大学生科研成果转化已成为大学生创业创新的首要目标。

一、大学生众创空间的发展状况

众创空间顺应时代的发展,符合开放创新、协同创新、大众创新趋势,把握全球创客浪潮兴起的机遇。运用移动互联网、大数据、云计算等现代信息技术,发展新型创业服务模式。依托高校建立一批低成本、便利化、开放式众创空间和虚拟创新社区。聚集了社会团体的力量,有效利用国家自主创新示范区、应用创新园区、国家高新区、高校和科研院所等有利条件,实现创新与创业、线上与线下、孵化与投资相结合的效果,为大学生创业者提供良好的工作空间和资源共享空间。

二、大学生研究成果转化的分类

大学生科技成果转化,从性质上分,可分为非商业性质的转化和商业性质的转化。非商业性质的转化涉及人才培养、学术会议、发表著作等无直接商业交易的内容。商业性质的转化涉及技术咨询(即技术转让方为受让方提供专业的技术可行性论证、预测、分析和评价),技术许可(即技术转让方通过合法程序将科技成果直接转让给受让方,由后者进行商业化开发生产销售),自主创业(即通过创办企业,使科技成果得到商业化开发并直接从大学走向市场,实现大学的"高科技企业孵化器"的功能)。目前,大学生自主创业已成为大学生众创空间的科技成果转化的一种重要形式。以最著名的硅谷的兴起为例,没有斯坦福大学这个必要条件,恐怕不会有现在的硅谷。斯坦福大学创业企业的总收入近些年来一直占据硅谷经济收入的50%,没有斯坦福大学,硅谷也将黯然失色。

三、大学生众创空间科研成果转化的现状

据统计,国内高校每年都有大量创新性科研成果产生,但是真正转化为生产力的研究成果却不足千分之五。造成此局面的原因主要是国内公立大学的管理体制,由于我国高校的研究经费主要来源于国家专项拨款,由此而产生的一切包括科研成果均视为国有资产,而研究者却不能随意支配自己的科研成果,最终导致高校成果的低转化率。大学生众创空间的科研成果转化率低下,一方面是大学生缺乏高科技含量的创业资源,创业人数的增加并没有带动大学生创业质量的增加;另一方面则是高校专利成果往往被"束之高阁",没有投入市场中去造福人类,导致巨大的浪费。

四、大学生众创空间科研成果转化的支持体系

第一,需要国家支持大学生创业实践。发挥政策引导作用,让有创业计划的大学生通过众创空间这个平台尽可能地降低成本尝试创业,营造鼓励创业的社会环境。比如上海市大学生科技创业基金开展的"上海市大学生创业见习项目"、安

徽省芜湖市政府出台了《机器人产业集聚发展若干政策》等。

第二，针对当前大学生创业意识的缺乏和创业能力的不足，需要高校的支持，充分整合众创空间及院内教师资源，同时吸收外部资深兼职教师的加盟，建立一批创业教育教师队伍；采取大学生更乐意接受的实践性的学习模式，开设大学创业课程培养和创业案例教学，在实践中提高创业技能，提高大学生创业的整体能力。老师和大学生根据自己的兴趣爱好，组建科研成果转化创业团队，进行成果转化的应用开发，促进高校老师的科研成果转化。

第三，在创业导师和大学生共同搭建的众创空间进行创新的同时，参加高校开展的各类创业竞赛，如"互联网＋""挑战杯"等创业计划大赛，结合自身感兴趣的内容或者创业创新实践过程中的研究内容拟定创业计划书；同时以竞赛为检验，从中了解创业知识、培养创业意识、提高创业能力、凝练未来创业方向；毕业后，以实际创业为延伸，继续开展自己的创业计划或者向自己感兴趣的方向自主创业。

第四，在创业导师和大学生共同建立的众创空间平台上，构建以新产品为基础的科研成果转化的培养模式，即通过专利成果或者由企业指导大学生进行产品的开发，为大学生的创业提供了创业方向，有效避免了大学生盲目选择创业项目或者创业创新过程中的各类问题，比如三峡大学第一人民医院合作研制医院制剂、同宜昌青钱柳生物科技有限公司合作开发的青钱柳系列茶产品等项目。这些项目不但解决了产品研发人手不足的问题，而且有利于大学生获取创业创新经验。

大学生众创空间的自主创新成果不断涌现，通过政府一系列政策的支持，高校建立专业的师资队伍和创业实践性课程体系及构建以新产品和"互联网＋"为基础的科研成果转化的培养模式，利用产学研合作体系，引入企业投资模式，加快实现产业化，生产出满足消费者需求价值的、符合市场机制的新产品，实现大学生众创空间的科研成果的转化的目标。

第七章 高校大学生创新创业教育

创新创业教育是高校适应经济社会和国家发展战略需要的一种教学理念与模式,是高校国际化发展的必然趋势。教育部在《关于大力推进高等学校创新创业教育和大学生自主创业工作的意见》中指出,大学生是当今最具创新、创业潜力的群体之一,因此要在高校大力开展创新创业教育。本章主要对高校创新创业教育的基本内容进行研究。

第一节 创新创业教育的基本内涵

创新与创业是两个密切相关的概念。没有创新精神、创新能力,创业活动就很难在竞争中获得主动权;而创业又是创新的载体,是将创新成果推向市场的重要途径。下面主要对创新创业教育的基本内涵进行阐述。

一、创新创业教育认知

(一)创新认知

▶▶ 1. 创新的含义

近年来,创新这一概念受到人们越来越多的关注,但对于其本质则众说纷纭。有人认为创新就是创造,而有人则认为两者是两个不同的概念。

从同源上来看,在我国古代《汉书·叙传下》中,就有"创,始造之也"之说。我国《辞海》将创造解释为"首创前所未有的事物",特别强调其独创性和首创性。而创新是一个外来词,是在知识经济时代大力弘扬的理念。由于创新活动首先是一种经济行为,所以对创新的理解,应从经济学范畴内探源。

创新是当代经济学的一个重要概念,首先提出这一概念的是经济学家约瑟夫·阿罗斯·熊彼特。他在其《经济发展理论》一书中,首先使用了创新一词。"他将创新定义为新的生产函数的建立,即企业家实行对生产要素的新的组合。它包括以下五种情况,一是引入一种新产品或提供一种新的产品质量;二是采用一种新的生产方法;三是开辟一个新的市场;四是获得一种原料或半成品的新的供给来源；五是实行一种新的企业组织形式。"

通过经济学理论的分析可知，"创新是指新的生产要素的重新组合或再次发现的知识被引入经济系统的过程"从这个角度来看，创造并不是创新，只有将创造成果引入经济系统产生效益才能称为创新。具体来说，其含义主要包括以下几点。

第一，创新是将新设想或新概念发展到实际应用和成功应用的阶段。当代国际知识管理专家艾米顿认为创新是从新思想到行动，它首先关注的是现实效益的转化。这里所说的效益，不仅是指经济效益，而且包括社会效益、单位和部门利益及个人利益等。

第二，创新是运用知识或相关信息创造和引进某种有用新事物的过程。这个创造性过程从发现潜在的需要开始，经历新事物的可行性检验，到新事物的广泛应用为止。

第三，创新还可以通过对已有事物进行改进、完善、扩展以获取收益。也就是说，创新既可以是将创造成果推向市场，也可以是建立在已有事物的基础上，生产新成果，产生新效益的创造性活动。

在约瑟夫·阿罗斯·熊彼特创新概念的基础上，人们进一步提出了技术创新、过程创新、制度创新、体制创新、产品创新、市场创新、营销创新和金融创新等一系列概念，并将发生在企业的微观创新活动上升到国家宏观层面，将各种创新活动看成是一个整体，进而提出了国家创新体系的概念。

总而言之，创新是指"人们根据一定目的，针对所研究对象，运用新的知识与方法或引入新事物，产生出某种新颖、有社会或个人价值成果的活动"。需要注意的是，这里所说的成果，既可以是一种新概念、新设想、新理论，也可以是一项新技术、新工艺、新产品，还可以是一种新制度、新组织。

▶▶ **2.** 创新的特征

创新的特征主要表现为以下几点。

（1）目的性

创新具有一定的目的性，其主要是满足人类在自身生存发展过程中不断增长的各种需求。具体而言，创新往往围绕某一问题的解决展开，它总是与完成某个任务相联系的。因此，创新是一种有目的地认识世界和改造世界的实践活动。

（2）新颖性

创新是在所研究的对象系统中加入新的或重新组合的知识，并不断进行革新。因此,创新的成果必然是新颖的,与过去相比具有新的因素或成分。这也正是其能够战胜旧事物的关键,原有事物的内容和形式在增加了新的因素之后,得以更新、发展和突破。"求新"是创新的灵魂,没有"求新"的变革,就称不上创新。

（3）价值性

创新具有一定的价值性,也就是说,创新往往能够产生一定的社会效益和经济效益。创新是推动社会事物进步与发展的主要因素,能够有效地满足人们的某种需要,促使企业获得成功,不断增强国家的经济实力,促进社会的进步。如果不能产生价值,创新也就失去了意义。

（4）先进性

相对于旧事物而言,创新产品具有先进性的特征,这也正是它的优势所在。创新在多大程度上优于已有的和现存的事物,这是人们是否愿意采纳创新成果的关键。例如,一个创新产品的先进性主要体现为结构更合理、功能更齐全等;一个创新管理方法的先进性主要体现为提高了经济利润、降低了成本、调动了人们的积极性等。新事物如果不具备先进性的特征,就不可能替代旧事物。另外,创新的先进性还体现在它代表了事物的发展规律和趋势。

（5）变革性

创新是变革旧事物,使其更新,成为新事物的过程。当遇到难以解决的问题时,人们就应该学会变通,如改变思考的角度、方式、方法等,这样问题就会迎刃而解,变通的过程也就是创新的过程。如果人们故步自封,安于现状,不想变革,就不会有创新。

（6）发展性

创新是一个不断发展的过程。创新发展是创造新知识、应用新知识并不断发展知识的过程。知识是创新的源泉,通过知识创新,能够推动科技创新、文化创新、管理创新及其他各方面的创新。创新是一个对知识的创造、应用、再创造、再应用的循环往复的过程,每一循环创造和应用的内容,都进入了高一级的程度。这是人类创新永无止境、无限发展的客观规律。

（7）层次性

根据人们解决问题的新颖、独特程度不同,可以将创新划分为以下三个层次。

第一层次为高级创新,是指"经过长期的研究、艰巨的探索,所产生的科学发现,它是一项从无到有、填补空白的创新活动,因此,有可能为国家、社会和人类做出巨大贡献,甚至形成某一领域划时代的局面"。

第二层次为中级创新,主要是指"经过改革或发明,在原有知识和经验的基础上重组材料,研制出有一定社会价值的产品的技术革新"。这一层次创新能够有效推动社会文化、科学和生产力的发展。

第三层次为初级创新,主要是指"在别人率先创新的基础上,通过引进技术和购买专利等方式,消化、吸收而进行的一种创新"。这主要是对当前国际先进水平进行模仿的创新思路。它是工业后进国家缩短同发达国家差距的一条捷径,是实现跨越式发展和后发优势、尽快实现自主创新的必由之路。

▶▶ 3. 创新的分类

创新虽然有着不同的层次,但并不受范围领域的限制。从不同角度,可以对创新进行不同的划分。根据创新的性质,可将创新划分为以下三种类型。

(1)原始创新

原始创新是指重大科学发现、技术发明、原理性主导技术等原始性的创新活动。原始性创新成果具有首创性、突破性、带动性的特征,它是企业发展的核心竞争优势,能够有效地解放生产力,不断提高人们的生产、生活质量。

(2)跟随创新

跟随创新是在现有成熟技术的基础之上,沿着已有的技术道路进行技术创新。例如,在原有技术之上将技术进行完善,开发出新的功能等。从理论上讲,技术所有的独特用途都是可以复制的。随着技术复制周期不断缩短,对新技术的早期投资能真正得到回报的可能性不断降低,因而,巨大的研发投资并不一定会带来可观的收益。目前,普遍认为,"只有当风险比较低时,创新才可以获得回报"。

(3)集成创新

集成创新是"利用各种信息技术、管理技术与工具等,对各个创新要素和创新内容进行选择、集成和优化,形成优势互补的有机整体的动态创新过程"。"苹果"现象就是集成创新的典范,一部苹果手机集合了手机、电脑等多种要素。

(二)创业认知

▶▶ 1. 创业的含义

从范围上讲,创业有广义和狭义之分。广义的创业是指人类带有开拓、创新并有积极意义的社会活动。也就是说,只要是人们以前没有做过的,对社会产生积极影响的事业,都可以称为创业。

关于狭义的创业,不同学者给出了不同的定义。虽然人们对狭义的创业的理解不尽相同,但综合而言,狭义的创业是指人们在当时所处的社会环境下,就自己的意识和能力,捕捉商业机会,充分考虑财富增加的成功与风险,并付诸行动,创建和发展一个或多个企业的活动过程。本书所研究的"创业"主要是指狭义的创业。

▶▶ 2. 创业的特征

创业主要具有以下几点特征。

（1）机遇性

把握机遇是创业取得成功的重要基础。机遇主要是给那些对事业有追求、有准备的人的,机遇面前人人平等,创业者要善于抢抓机遇。

（2）创新性

创新是创业取得成功的关键,是在竞争中取胜的法宝。创业过程从实质上讲是一个不断创新的过程,创业者首先要有创新动机、创新意识和创新精神。

（3）价值性

创业的目的主要是"实现经济价值和社会价值,提高和升华自我价值"。因此,衡量创业成功与否,主要应看其是否创造了价值。

（4）曲折性

创业的道路并不是一帆风顺的,往往是曲折坎坷的,创业者在创业过程中投入了大量的资金和精力,往往会受到很多挫折,在经过艰苦的努力之后,不一定会获得成功。因此,创业者必须有充分的心理准备,具有坚毅的品质,只有这样,才能在创业中取得成功。

（5）风险性

创业存在一定的风险性,创业者无法对创业结果进行准确的预测。创业也并没有成功的经验可供借鉴,需要创业者进行不断的探索。

二、创新创业教育的内容

创新创业教育是一个非常复杂的系统,它的内容十分丰富,涵盖受教育者在创业全过程即从发现机会到决策、规划、实施、评估和反馈等一系列生产经营活动所必须具备的知识、技术、能力和心理品质等素养。创新创业教育既重视受教育者个性的发展,也非常注重引导受教育者将所获得的品质素养转化为创业实践活动,即要使所学习的有关创业的知识和技能行为化。创新创业教育的内容体系一方面规定了创新创业教育的方向;另一方面也是创新创业教育目标得以实现的重要保证。

(一)掌握创业知识

从诞生之日起,人类就在不断地对世界、对自然进行探索和认知,不断地积累和总结经验,希望能够掌握客观世界发展的规律和事物的内在联系。这个过程的开展让人类掌握和储备了大量的知识,而为了将这些已经掌握的知识一代一代地传递下去,人类开始进行教育,创新创业教育虽然是以创业为特色的教育,但也属于教育的一种形式,且创业领域中存在着许多已知的知识,因此,人们需要将这些知识传递给没有掌握这些知识的人们,从这一层面来说,将与创业相关的知识传递给受教育者是创业教育的重要内容,它对于改善受教育者的知识结构,拓宽受教育者的知识视野,增强受教育者的创业技能是十分必要的。

创新创业活动的开展需要创业者具有商业经营,尤其是经济管理等方面的相关知识,因此创新创业教育需要传授给受教育者的知识主要包括创业专业知识、创业基础知识、经营管理知识、政策法规知识、金融财会知识、公关交际学知识等。通过对这些知识的传授,帮助受教育者根据自身的个性特征和本专业的特点,科学选择自己的职业意向,并针对这些意向对自己进行具体的、有层次的指导和训练。此外,将创业知识传递给受教育者的同时也应注意将终身学习的观念和思想传递给受教育者,以引导他们紧跟时代潮流,学习各种新出现的创业知识,从而拓宽知识面,开阔视野,不断提升自己的创业素养。

(二)培育创业能力

从实践情况来看,创业者创业成功与否与其创新能力密切相关,一般创业能力越高的创业者越容易创业成功。因此,进行创新创业教育,就必须进行创业能力的教育,以帮助大学生培育自己的创业能力。

作为影响创业者创业实践活动效率的重要因素,创业能力培育是创新创业教育的重要内容。而对于受教育者而言,需要通过创新创业教育所获得的创业能力主要包括领导能力、社交能力、分析能力、专业技术能力、把握商机能力、抗挫折能力、网罗人才能力、利用信息的能力、经营管理能力等。这些能力虽然多种多样,但实际上可归为两类,一类是基本知识技能和人际交往沟通的能力,另一类是创新能力和自我发展能力。

(三)弘扬创业精神

创业精神是一个过程,即主体通过有组织的努力,以创新的和独特的方式追求机会、创造价值和谋求增长,其手中不一定拥有足够的资源。创业精神对创业实践具有重要的意义,它是促成创业者新事业发展和形成的原动力,是创业者能否进行创业的精神支柱,也是创业者是否有勇气创业的关键,没有创业精神就没有创业行动。因此,创新创业教育的一个重要内容就是弘扬创业精神。

就创新创业教育而言,需要弘扬的创业精神主要包括以下几点:一是创新精神,即综合运用已有的知识、信息、技能和方法,提出有别于常规或常人思路见解的意识和精神;二是承担风险和挑战不确定性的冒险精神,即敢于冒着失败的风险而去从事自己所认定的事业的精神;三是敬业精神,即热爱自己的本职职业的精神;四是合作精神,即乐于与人合作的精神。

(四)培养创业意识

创业意识是一种自我意识,它支配、引导着创业者对创业活动的态度和行为。强烈的创业意识,可以使创业者内心形成创业动机,并转化为一种强大的内在动力,促使其为成功创业而无所畏惧,努力奋斗。作为创业者从事创业活动的强大内驱动力,创业意识的存在与否直接关系到创业者是否会开始创业,因此开展创新创业教育,必须唤醒受教育者的创业意识,激发他们的自我发展内在动力,这也是他们日后开展创业活动识别创业机遇、抓住创业机遇的前提。

我国的传统教育大都循规蹈矩,往往忽视了人的个性发展,这样的教育会造成人们普遍缺乏创业意识,因此在我国,很多大学生毕业后因一时找不到工作而感到手足无措,空想创业的大学生不在少数,而真正创业的却非常少。因此,培养他们的创业意识、点燃他们的创业激情是创新创业教育的首要任务。从内容上来看,受教育者需要培养的创业意识主要包括风险意识、诚信意识、市场意识、团队意识等。

(五)开展创业实践

创新创业教育的最终目的是提高受教育者的创业实践能力,因此,开展创业实践也是创新创业教育的一个重要内容。需要注意的是,这里所说的创业实践主要指的是具有一定教育意义的创业实践模式,是以社会实践为纽带,以实践成果为主要价值判断的教育形式。

从创新创业教育的角度来看,创业实践的开展主要包括三类内容。一是经营实践,主要是通过一些创业实践活动培养受教育者对企业的经营管理能力;二是生产实践,主要是通过一些创业实践活动培养受教育者的专业、职业技能;三是管理实践,主要是通过一些创业实践活动培养受教育者的综合调控能力。

(六)健全创业心理

创业不仅是一个创新的实践过程,同时也是一个考验心理的过程。创业者如果没有一个强大的内心,是很难走向创业成功的。因此,健全受教育者的创业心理也是创新创业教育的一个重要内容。

通过创新创业教育,可以帮助受教育者学会做人和处事,学会沟通和协调。健全创业者的创业心理主要可从以下几方面入手。一是培育受教育者的自信心。对于一个创业者来说,自信是其成就事业的重要心理基础,没有自信心,将很难进入创业之路,因此自信对于创业者是十分重要的。创业者在创业之前,首先就应当抱有"人定胜天""天生我材必有用"这样的信条,要坚信自己的选择是正确的,坚信自己所追求的事业定能获得成功。这种自信心不仅会给创业者自身带来无限的力量,同时也会感染和说服他人,取得他人的信任和支持。二是帮助受教育者养成积极的处世态度和正确的行为方式,要学会做人、做事。三是培育受教育者百折不挠、坚持不懈的恒心和毅力。与普通的上班族不同,自主创业不仅意味着创业者必须舍弃那种在固定时间进行休息、工作的状态,而且意味着创业者时刻要想着自己正在进行的事业,必须身兼数职,还意味着创业者没有太多休闲娱乐的时间,这就需要创业者必须具备百折不挠、坚持不懈的恒心和毅力。此外,创业的过程往往并不是一帆风顺的,会遇到各种问题,这些问题会给创业者带来巨大的心理压力。面对这些问题,如果创业者没有足够的激情,缺乏百折不挠、坚持不懈的精神、创业是很难坚持下去的,因此创新创业教育需要健全创业者的创业心理。

第二节　高校创新创业教育的必要性

随着高校从"精英教育"向"大众教育"的转型,大学毕业生面临的就业形势越来越严峻。在大学毕业生数量远远超过空缺岗位数量的社会背景下,高校开展创新创业教育、鼓励毕业生进行积极创业具有其必要性,其具体体现在以下几方面。

一、缓解大学生就业压力的需要

大学生创业,既可以有效地解决自身就业难的问题,又可以缓解社会上的就业压力。大学生通过自主创业,能够在社会中求得生存、发展。具有创业能力的大学毕业生在解决自身就业问题的同时,为社会提供了更多的就业岗位。因此,国家各级党政部门应积极鼓励大学生进行创新创业活动,为他们提供必要的支持。

二、实现大学生自我价值的需要

大学毕业生进行创新创业,能够实现其兴趣与职业的统一。大学生根据自身的兴趣,进行相应的创业活动,能够充分发挥自己的才能,并能从中获得合理的报酬。从大学生自身的角度来看,其创业的主要目的是实现自我的价值。需要注意的是,只有提高大学生创业的比例,整个社会才能形成良好的创业风气。

三、提高大学生综合素质的需要

随着我国高校的不断扩招,大学生素质与我国高校的教学水平受到社会上越来越多人的质疑。而大学生创新创业教育能够有效地提高大学教育的管理水平与大学生的整体素质。大学生在创新创业实践过程中,能够充分发挥自己的才能,并学会调整自身的状态,积极应对生活中存在的各种问题,进而成为能够积极适应社会的高素质的人才。

四、培养大学生创新精神的需要

创新对于国家的发展、社会的进步具有重要的作用。青年大学生作为一个国家最具有希望的群体,如果缺乏创造的冲动,则会严重阻碍社会的不断发展。大学生的创新创业教育活动,有利于大学生创新精神的培养,将就业压力转化为创业动力,为各行各业培养出优秀的创业者。美国前总统里根曾说:"一个国家最珍贵的精神遗产就是创新,这是国家强大与繁荣的根源。中国的未来在于大学生,中华民族的精神永恒则在于大学生旺盛的创造力与创新追求。"

第三节　高校创新创业教育理念探析

创新创业人才的培养离不开创新创业教育，以创新教育促进创业教育，以创业教育促进教育教学改革，并通过创新创业教育培养创新创业型人才已成为高校人才培养理念，成为加强和改进高校人才培养模式的新的方向和途径。

一、高校创新创业教育的理念

(一)创新创业教育与创新型国家建设

当前，我国社会经济的发展正由粗放型向集约型转变，从投资拉动、资源依赖向科技依托、创新驱动转变，从"人力资源优势"向"人才资源优势"转变。在这种发展背景下，提高自主创新能力，培养大批勇于创新、善于将科技成果转化为社会生产力的创新创业人才是建设创新型国家的关键。要想转变经济增长方式，优化产业结构，必须依靠科学技术进步，依靠创新创业人才的培养。

建设创新型国家的核心是增强自主创新能力，其中创新型人才是关键。根据现代化管理要求，创新人才主要包括知识创新人才、技术创新人才、产品创新人才、制度创新人才、管理创新人才等。创新人才的核心要素是具备创新精神和创新能力。所谓创新精神，就是要拥有创新意识和创新品质，包括对社会、对自然、对科学的好奇心、事业心和责任心，自强不息、奋斗不止的进取精神，严谨求实、兢兢业业的科学作风。所谓创新能力，主要是指发现新问题、分析问题，提出新方法、新理论，发明新技术的能力等。

高校承担着为国家培养创新创业人才的历史重任。大力推进创新创业教育，培养具有创新精神，创业意识与创业能力的高素质人才，培养推动国家知识创新、技术创新、制度创新和管理创新的践行者和引领者，为创新型国家建设提供有力的智力支持和人才支撑，是现代高等学校的战略任务。因此，高校必须转变教育观念，推进创新创业教育，积极构建创新创业教育体系，创新人才培养模式，不断提高大学生的创新精神、创业能力和创业素质。

(二)创新创业教育与大学生就业

在当前社会经济发展背景下，随着产业结构升级调整，社会分工、工作岗位和人力资源市场不断变化,大学毕业生面临岗位转换的可能性越来越大,以自主择业和岗位就业的就业模式不再是大学毕业生实现自我价值的唯一途径,而以创业为主导方向的就业模式,逐渐成为大学毕业生实现就业的新模式。创新创业教育成为就业指导服务的新的发展方向,对于拓宽就业指导服务领域,转变毕业生就业观念具有重要的影响。从经济管理学原理上看,就业主要是为了适应社会需要,而创业则主要是创造需求,就业是"找饭碗",创业则是"造饭碗",创业在解决自身就业问题的同时能够给他人提供就业机会,即"创业带动就业"。因此,只有积极鼓励大学生进行创业,才能有效解决其就业问题。

创新创业教育具有一定的系统性,不仅需要高校转变办学理念,更需要国家、地方政府的政策支持。《中华人民共和国教育法》规定:高等教育的任务之一是培养具有创新精神和实践能力的高级专门人才。党的报告中指出:"要实施扩大就业的发展战略,促进以创业带动就业。就业是民生之本。要坚持实施积极的就业政策,加强政府引导,完善市场就业机制,扩大就业规模,改善就业结构。完善支持自主创业、自谋职业政策,加强就业观念教育,使更多劳动者成为创业者。"同时,国家还出台了相关的优惠政策鼓励一部分有创业能力的大学生进行自主创业,缓解社会就业压力,促进国家经济繁荣和稳定。《国家中长期教育改革和发展规划纲要(2010—2020)》中"序言"部分阐述我国教育面临的机遇和挑战时指出,"学生适应社会和就业创业能力不强,创新型、实用型、复合型人才紧缺"。可见,加强和改进大学生创新创业教育,既是我国经济和社会发展的迫切需要,又是推进我国高校科学发展的迫切需要。

创新创业教育是世界高等教育发展的新趋势,同时也是我国高等教育发展的必然选择。我国高校要想创新创业教育的发展必须以转变思想和教育观念为先导,将高校创业教育的目标融入高等教育的目的和任务之中,始终坚持以人为本的教育理念,全面提升大学生创业素质。同时,以改革高校人才培养模式和课程体系为重点,以提高大学生的创新精神、创业意识和创业能力为核心,大力推进高等学校创新创业教育工作。随着我国社会经济的高速发展,对具有创新精神和创业能力的高素质人才的需求将越来越强烈。这不仅是解决大学生就业难问题的需要,也是我国经济结构调整、建立创新型国家的迫切需求。

二、高校创新创业理念的具体实施途径

(一)转变教育思想

如今,创新创业教育正成为世界高等教育发展的新趋势,其不仅体现和丰富了素质教育的内涵,而且突出了对大学生实际能力的培养和教育。高校为适应经济社会发展的需求,积极转变教育观念,承担历史使命,树立了以创业意识、创新精神和创业能力培养为目的的创业教育理念,真正将创新创业教育融入高校整体的教育体制机制改革之中。大力推进以创业精神和创业意识为核心、以创业能力培养为关键、以创业实践活动为载体,融入创业精神、创业技能、创业人格、创业知识等创业品质的人才培养体系,强化对大学生的创业指导,完善创业保障体系,全面培养和发展大学生的知识、能力与素质,促进大学生创新创业教育的深化与具体化。

(二)丰富教学实践

创新创业教育的教学目的是培养大学生的创新创业意识、创新创业精神和创新创业能力,以此作为素质教育的时代基点,构建创新创业人才培养的新体系,提高教育质量和人才培养质量。

创新创业活动的有效开展不仅要有丰富的理论知识,更需要较强的实践操作技术。因此,创新创业人才的培养应做到以下几方面。

(1)在课程设置上,构建与专业课程相融合的创新创业理论教学课程体系,建立与专业实践教学相衔接的创新创业教育实践体系,大力提高大学生的实际创新创业技能;(2)在教学内容上,根据高校学科特点,结合专业编写校本教材,密切联系区域经济、地方经济,将当地成功创业的案例充实到教学内容中,并且聘请成功的企业家做兼职教师,将其创业经历丰富到创新创业教育内容中去;(3)在教学方法上,树立"以学生为主体"的理念,在教学活动中将知识传授与学以致用紧密结合;倡导学历证、技能证"双证制",推行大学生创业教育学分制试点,切实提高大学生的创新创业能力。

(三)转变人才培养模式

创新创业教育是一个系统性的教育教学改革工程,其实质是对传统人才培养模

式的重大转变。具体来说,"要在专业教学中注重培养大学生的创新创业精神,在实践教学中提高创新创业技能,在职业辅导中扶持创业实体的发展,努力构建'以课堂教学为主导、实践指导为平台、实体孵化为引导'的创业教育模式"。在培养方案上,要以创新创业教育为导向,设计人才培养的目标、模式;在学分构成上,设立创新创业教育学分;在考核方式上要注重对创新创业内容的考核;在教学管理上,建立以创新创业教育为核心指标体系的教育教学评估模式,以培养创新创业人才。

创业是一项具有很强实践性的活动,大学生创业不仅需要理论指导,更需要实践活动的锻炼。比如,大学生创业孵化基地是大学生创业实践的重要场所。自20世纪80年代中期,我国开始探索大学科技园建设至今,已累计建设国家大学科技园86个,同时还有众多的省市及高校的大学科技园。大学生可充分利用大学科技园所拥有的资源和优势,科学创业。高校一方面要整合学校和社会资源建立大学生科技创业见习基地或科技园、创业园;另一方面要组织大学生创业见习、创业培训、模拟创业和创办实体,促进大学生创业实践能力的提高。此外,大学生创业竞赛也是当前十分流行的商业模拟技术,有助于提高大学生创业的能力和素质。高校应鼓励并支持大学生参加"挑战杯创业大赛"等竞赛活动,有针对性地指导大学生创业团队的创业活动,切实锻炼大学生实际创办企业的能力,为培养未来企业家人才营造良好的环境。

(四)加强创新创业师资队伍建设工作

教师是高校创新创业教育的关键。目前我国虽然不少高校都开设了创新创业教育课程,但授课教师大多缺乏创业实践经历,这就在一定程度上制约了高校创新创业教育的发展。为此,高校应推进创新创业教育师资队伍建设,一方面加强对创新创业教育师资队伍的培训;另一方面拓宽与广大企业家的合作,聘请一些有丰富创业实战经验的企业家到创业教育师资队伍中来,有效加强创业师资队伍建设。

(五)优化创新创业政策环境

▶▶ 1. 建立多元化的融资渠道

大学生创业的初始资金主要来源于父母,尽管不少省、市设立了大学生创业基金,一些高校还吸引社会资金,如华夏银行股份有限公司南通分行在南通大学设立大学生创业基金等。但总体而言,这些资金仍不能有效满足大学生创业的需要。对此,国家应进一步完善大学生创业基金设立体系,地方政府和高校要共同资助大学生创业项目。"政府可以牵头设立面向大学生创业者的风险投资基金,引导社会资金和金融机构的进入,促进中小企业创业板的设立;要加快建立健全大学生信用体系,推进和完善资本市场的建设,建立起有利于大学生创业的成熟的投资、融资体系"。

▶▶ **2. 构建大学生创业的政策支持体系**

根据大学生创业的实际情况,国家出台了许多鼓励大学生创新创业的政策。例如,《中华人民共和国企业所得税法》对创业投资、税收提供了优惠政策,有效降低了新机会型创业的运行成本。地方政府的支持政策对于大学生创新创业发挥着重要的作用。地方政府应积极建设大学生创业孵化基地,在税收优惠、资金补贴等方面加大对大学生创业的支持;制定《大学生创业法》,出台一系列涉及工商、税务、人事、卫生、劳动等多方面的具体的法律法规,落实和完善《中小企业促进法》,在法律、政策上构建大学生创业的政策支持体系,为大学生创业提供切实的保障。

第四节　高校创新创业课程的设置

一、国外创新创业课程设置概况

美国大学根据自身发展的实际情况,设置了相对完整的创新创业教育课程体系,该课程体系主要可以分为四大类,即创业意识、创业知识、创业能力素质及创业实务操作。每一类当中又可以划分为具体的内容,包括创业理论阐述、典型案例分析和仿真模拟演练。其中,最有名的创新创业教育课程体系就是百森商学院的"创业学"课程体系,几乎已经成为其他学校设置创新创业教育课程体系的参考范式。需要强调的是,不同于其他学校的课程体系,斯坦福大学的课程体系坚持理论与实践相结合的课程模式,在教授学生理论知识的基础上还对其进行职业教育,对学生在创业过程中遇到的问题进行全力相助。

英国的创新创业教育课程比较复杂,包括很多方面的内容,如课程开发、创业研究、课外实践活动等。这些内容互相整合,形成了一个多元的体系。具体来说,主要包括三个方面的内容:第一,创新创业课程开发实现网络化,各种资源可以互通有无,实现优势互补和有效评估;第二,创新创业课程不仅可以讲授课堂内的知识,还可以将课堂之外的知识穿插进来;第三,创新创业课程理论知识推动了创业研究的发展,提升创业研究的水平。

在英国,创新创业教育课程总共可以分为两类,一类是"为创业",负责这一类课程的教师大多数都有过创业的经验,能够给学生提供丰富的管理经验;另一类是"关于创业",负责这一类课程的教师只有少数人有过创业的经验,能够给学生提供的实践经验相对较少。

二、创新创业课程设置的原则

课程设置是创新创业教育的核心和关键,因为它直接关系到学生知识结构的培养和能力发展的方向。在我国,创新创业教育的发展并不完善,才刚刚进入起步的阶段,因而开发出来的课程整体上,来说水平比较低,没有形成完整的体系。目前,从这些有限的创业课程中,可以看出,我国创新创业教育课程体系主要是从理论上,对其进行构架的,目的是要培养学生的创业意识。但是实际操作和管理经验不多,对学生创业实践可能不会有太大的帮助。这和我国创新创业教育课程研究刚刚起步、研究力量薄弱、实践活动较少有必然的联系。

创新创业教育是专业教育的重要组成部分,因此,它对所有专业必然具有一定的普适性。但是,由于学校人才培养的目标、课程设置的具体内容不同,决定了创新创业教育又带有一定的特殊性。高校在进行创新创业教育课程设置时,应该在考虑课程普遍适用的基础上开设结合各学科专业特点的创新创业课程,使普遍性和特殊性形成完美的结合。

当然,高校创新创业教育的课程设置除了要遵循普遍性和特殊性相结合的原则之外,还应该遵循几个方面的原则:第一,结合专业的特点,突出专业的特色,使创新创业教育课程的设置与专业课程体系有机融合;第二,课程的设置不能只注重理论方面的内容,还要重视实践,使理论和实践紧密联系起来;第三,创新创业教育要与专业教育结合起来,并将创新思想渗透其中。

三、创新创业课程学习的方法

大学生创新创业教育课程涉及的知识面非常广,有众多的交叉学科融入其中,具有较强的理论性和实践性。因此,在这门课程的学习过程中,需要综合应用不同的学习方法,以便更好地掌握创新创业的理论知识,提升自己的实践能力,为有效地开展创新创业活动奠定坚实的基础。

第八章　高校大学生创业必备素质

第一节　身体素质

青少年健康的身体素质是国家和民族的财富,更是每个人健康成长、每个家庭实现幸福生活的根基。当代大学生是国家和民族的希望,肩负着社会发展的责任和使命。他们需要强健的体魄、健康的心理和适应社会的综合能力。

一、身体是"创业梦"的本钱

一个国家和民族是否能够屹立于世界民族之林的根本就是这个国家和民族身体素质的水平。青少年身体素质水平关系着国家的繁荣、民族的兴盛、家庭的幸福和个人的前途,必须要引起全社会的重视。

体育锻炼是提高身体素质最主要的方法之一,它不仅能够改变形体,还能够改善身体机理。故作为当代大学生,首先,我们要提高自己对体育锻炼的认识,只有提升了意识,才会自觉地参加各种体育锻炼活动。其次,要了解当代大学生身体素质健康的标准,才能对自己的体质做出正确的分析、判断。最后,在校期间,我们大学生需要一份详细的、长期的体育锻炼计划,并按照计划持之以恒地进行下去。

作为培养大学生的摇篮,学校有义务和责任帮助学生理解体育锻炼的意义与技巧,帮助学生形成坚持体育锻炼的良好习惯。同时,学校也需要建立系统的指导理念,并加强对体能训练工作的支持。具体措施主要包括以下几个方面:①将发展学生身体素质作为高校体育课程的主要目标和重要内容,改革原有体育课程的传统模式。②建立具有校级特色的体育理念,增加开展体育教育活动的频率,并确保每次活动的效果。③精选体育教学课程内容,加大力度培养学生们参与体育锻炼的兴趣和习惯。④建立并完善学校相关的评价体制,提高大学生们参与体育锻炼的积极性。⑤加强教师队伍的专业技能培训,以确保教学质量的稳健提升,从而使学生身体素质的提高有所保障。

健康是人生的第一财富,是创业的必须。如果没有健康,知识就无法利用,智慧也难以表现。周恩来同志曾说过:"只有身体好才能学习好、工作好,才能均衡地发展。"对于现代大学生来说,健康的身体素质是快乐生活、成就学业、成功事业的基础。

二、当代大学生健康素质标准

对于当代大学生来说,健康身体素质的标准是什么,怎样才称得上是一个具备健康素质的大学生,目前关于大学生健康素质标准的描述还未有统一定论。结合国内外公认的几项标准,当代大学生健康素质标准内容如下。

(一)身体发展好

学生身体发展好主要是指"学生个体生理的连续变化过程,即有机体或器官在量的方面的增加,在结构方面变得精密,在机能方面有所提高的过程"。主要包括匀称的形态、健康的机能、较好的体能和较强的适应能力。

其中身体形态是指体格、体型和姿态等方面,主要是指大学生的身体发育水平良好、体型匀称、姿态正确。身体机能主要包括骨骼肌系统、呼吸系统、心血管系统和神经系统,各系统之间相互协调、有效工作,并对外界环境变化有良好的适应能力,对疾病有较好的抵抗能力。大学时期是机体体能发展的高峰时期,大学生应该积极参加体育锻炼,不断提高体能水平。

(二)具备运动能力

运动能力是一种基本的活动能力,是运动技能和机体素质相结合的一种综合能力。参加运动的能力是当代大学生健康素质标准的主要内容之一。不断提高大学生的运动能力和技术水平是高校体育教育事业的主要工作内容。例如,厦门大学要求学生在毕业时掌握一项运动技能,如游泳、排球或健美操等。任何一项运动训练都会一定程度地改善身体素质并促进身体素质的健康发展。例如,球类运动涵盖了跑、跳、投等多种运动形式,能全面地促进身体素质的综合发展,提高生命活力,有助于保持阳光的心态,同时还可以训练脑部思考和判断能力,增强反应的灵敏度。

(三)良好的认知能力

认知能力主要表现在听觉、视觉、触觉和智力正常,是大学生学习和生活的基本保证。大多数情况下,认知能力被认为主要指智力正常。智力主要包括记忆力、注意力、观察力、想象力、创造力和实践活动的能力等,是一种综合能力。一般来说,在校大学生的智力总体水平比较高,认知能力属于正常偏高的范畴,因此评估大学生的认知能力,主要在于看大学生是否能够充分发挥各项认知能力的效能,具体标准包括,有强烈的求知欲,乐于学习和探索,在社会实践等活动中能充分协调地发挥智力因素等。

(四)情绪较为稳定

情绪是人的需要得到满足与否的反应,是人对事物的态度体验。当代大学生情绪健康稳定的主要表现:自信,充满希望,乐观开朗,积极向上。当代大学生需要做到能较好地控制和调节自己的情绪,在不同的场合能恰如其分地表达自己的情绪,既能做到约束控制情绪,又能适度地宣泄情绪,不过分地压抑自己的情绪。

(五)意志较为坚强

意志是指人在完成一项有目标的活动时所进行的选择、决定与实施的心理过程。当代大学生拥有较为坚强的意志,表现为在学习、生活过程中,能自觉地确定目标,具有顽强的毅力,有良好的承受力和克服困难的勇气。

(六)人际关系和谐

大学生生活在一定的社会环境中,离不开人与人之间的交往。和谐的人际关系是大学生健康素质必不可少的重要条件,也是培养大学生健康素质的重要途径。具体表现为乐于与人交往,在交往过程中能尊重、信任、宽容、帮助和关心别人,能与人融洽相处,能学习、赞美别人的优点和长处,能指出别人的缺点并给予帮助,共同进步。

三、运动身体,健康心灵

身体健康是大学生实现创业的必备因素,没有良好的身体素质将会直接影响到大学生文化素质的提升和道德素质的提高,甚至将会影响知识的利用和智慧的表现。提高大学生身体健康素质对于培养高素质人才、实现"大众创业、万众创新"具有重要的现实意义和战略意义。

创业的实施需要大学生能与社会保持良好的接触,能正确地认识社会现状,能跟上时代发展的步伐,能符合社会发展的要求。当自己的需求和理想与实际情况发生矛盾时,能主动地进行自我调节并做出相应的改变,而不是回避现实或者采取反人类、反社会的态度,让自己处于与实际环境相对立的状态。身体是革命的本钱,如果身体素质太差,对创业来说也是一种灾难。如果创业者的精神状态不佳,不仅会打击创业团队,还会影响到公司的运营。

因此,体育锻炼是提高身体素质和疏解压力的有效措施。大学生可根据自身特征选择单项或者集体体育运动。

(一)单项体育活动

平板支撑是一种类似俯卧撑的肌肉训练方法,被公认为训练核心肌群的有效方法。平板支撑能够减少背部的受伤,因为在做平板支撑的时候可以增强肌肉,这样就不会给脊柱和背部产生太大的压力,另外还可以给背部强有力的支持,特别是上背部区域。因此,非常适合久坐的大学生。

(二)集体体育活动

篮球是奥运会核心比赛项目,是以手为中心的对抗性体育运动。篮球运动需要参与者具有快速奔跑、突然与连续起跳、敏捷反应与力量抗衡的能力,需要参与者具有勇敢、顽强的斗志和团结协作的精神,可促使参与者得到心理的满足和愉悦。篮球运动既可以强身健体,也可以使个性、自信心、审美情趣、意志力、进取心、自我约束等能力都有很好的发展,也有利于培养团结合作、尊重对手、公平竞争的道德品质。其他球类运动,如足球、排球也均有上述作用。

第二节　心理素质

创业心理素质是指在创业过程中对主体起动力作用的个性心理特征,是个人创业素质的基础,是创业教育的核心内容。创业实践活动需要大学生具备良好的创业心理素质,它是创业实践活动成功实施的核心保障。培养大学生正确的创业心理素质,是每所高校开展创业教育的核心内容。

在"大众创业、万众创新"的时代背景下,高校是创造性人才成长的摇篮。创业革命中的主力军已经是青年一代的大学生,他们已经成为创业的原始力量,担负起国家发展的重任,代表着社会的未来和希望。在"大众创业、万众创新"的时代背景下的高等教育不应只是知识和学历教育,更应该注重创新思维、创造力的培养和创业教育。大力开展创业教育的前提是培养大学生创业者的良好心理素质,其目的是使大学生创业者在掌握理论知识的同时培养良好的道德品质,并且要使受教育者具备创新思维、掌握创业能力、具备相关知识和技能、学会创新、学会创业,为未来创业做好准备。

一、国外学者对大学生创业心理研究概况

国外对创业者心理素质进行研究时主要关注创业者的个性特征和心理特性,因为早期一些学者也是从心理学的角度对创业者特质进行探讨的。早在 20 世纪末,国外学者就提出了领导特质理论,认为领导特质都是天生的,是一种领导他人的特殊才能,是一种其他人所不具备的独特魅力和个性特征。在心理学与行为科学中一般认为,影响个体行为与他人不同的潜在因素是心理特质,它可用来预测和解释创业行为。《人事心理学》的作者认为,创业者一般有着与常人不同的心理特质,他们具有一般人所不具有的对市场机会的敏感性。作者还考察了成功的创业型企业家的心理素质特征,主要包括强烈的创业动机、丰富的商业知识、敏锐的商业嗅觉、创造力、开阔的眼界、善于把握趋势、善通人情事理、超乎想象的忍耐力和自我反省的能力等。美国学者提出了创业倾向模型,该模型认为,具有创业企业家所需心理素质的大学生成功实施创业行为的概率,远远高于不具备创业所需心理素质的大学生。成功创业的大学生主要具备的心理素质:对成功的渴望、勇于承担风险的能力、创新性、较强的自控力、包容心和自信。

美国心理学家大卫·麦克里兰博士基于成就动机理论对成功创业大学生的心理特征开展了系列研究,结果发现影响大学生创业是否成功的主要因素不仅仅包括理论知识和相关技能,更为重要的是一些可以称为胜任特征的东西,如成就动机、自信、创新意识、团队合作力、坚韧性、风险承受力和人际建构能力等。美国学者威廉·布里奇斯通过大量的调查将对成功的渴望、能力、气质和资本这四点归纳为大学生创业的基本素质要求。英国学者的研究发现大学生创业者比非创业者具有更强的成功欲望和冒险精神。

二、国内学者对大学生创业心理研究概况

随着创业热潮的兴起,国内也开始对创业领域开展相关的研究。但国内学者主要从自身学科研究和构建出发,各自从心理学、教育学、管理学、经济学等角度研究创业,目前还很少见专门为了研究创业理论而研究创业的。

唐烈琼等人在《论当代大学生的创业人格缺陷及其健全策略》中表示,影响大学生创业活动的关键因素是创业人的品质结构,并指出创业品质主要包括社会责任感、独立性、坚韧性、信用、勇气、吃苦耐劳6个方面。李军红等人对创业者所需的特殊素质和思维进行了统计分析,认为创业者所需的素质与思维和非创业群体存在较大差异,提出能成功创业的大学生的特殊素质主要包括创新、拼搏、想象、组织等方面。张健等人在《创业理论研究及其发展动态》的研究中认为开展创业的大学生应具备较高的认知特性、较强的心理素质和一定的管理知识。

范巍等人基于创业心理模型研究,在《创业倾向因素研究》中探讨了大学生创业者的创业倾向与性格特征、社会环境等其他相关因素之间的关系。最后结果显示,在个人性格特征方面,具有责任认真性、高外向性、自我功效感和经验开放性的大学生具有更高的创业倾向;在社会环境因素方面,影响创业倾向的主要是创业环境、创业的经济回报和创业的成就感;此外,个人经历、家庭环境也与大学生的创业倾向密切相关。

综合国内学者就创业者心理素质的研究结果,大致有17种心理素质与大学生创业者密切相关,分别是创新能力、独立性、诚信、机会识别能力、风险评估和决策能力、管理能力、人际交往能力、资源整合能力、应变能力、毅力、自信、魄力、积极性、预见性、专业技能等。对比国内外学者对创业者心理素质的研究结果,我们发现国内研究者能在国外学者研究的基础上,从更加全面和宏观的角度探讨创业心理素质的影响因素。

三、大学生创业心理素质的建构

通过对国内外学者就创业心理研究的文献综述的梳理整合,我们可知成功的大学生创业者一般具备创新、成就动机、承担风险能力、自控力、包容和自信等心理特质。一般情况下创业的动机主要有:①乐于挑战;②个人追求向上;③所学知识或经验有用武之地;④受学校、家庭和朋友的影响。

国内一些学者在借鉴国外研究成果的基础上,对大学生创业者的心理品质进行了探讨。例如,曲殿彬等人对在校大学生创业者所具有的创业人格进行了测评,认为创业心理品质主要包含开拓创新、极强的心理抗压能力、强烈的事业心、充满创业热情、社会责任感、自信心、矢志不渝的恒心、脚踏实地干实事的作风、旺盛的斗志、善于调控情绪、乐观豁达、为人热情、遇事保持理性的头脑、善于沟通和诚实守信。韩力争等人基于创业、创业学的有关理论向大学生创业者发放500份有关创业心理素质的调查问卷,对资料进行整理分析后,根据结果将大学生的创业心理素质划分为 4 个要素：创业的动机、能力、人格特质和创业知识。

因此，通过对国内外文献的整理分析，借鉴上述研究成果，将大学生创业心理素质划为以下 4 个维度：①创业动机：主要指对创业的兴趣、用所学的知识实现理想、挑战自己、解决就业、对金钱的渴望等；②创业能力：创新能力、组织和管理能力、领导力、交际技巧、承受力、合作能力、冒险和果断决策能力等；③创业人格：创业者的决心、责任感、不畏惧困难、冒险精神、坚持不懈的恒心等；④创业知识与技能：包括对创业法规、政策、理论知识和技能的掌握，公司的开业程序等。

第三节　文化素质

大学生的文化素质是催生创业意识的沃土，反过来创业意识也体现了大学生的文化素质。创业文化素质是大学生创业者必须具备的基础要素，它不仅要求学生具备必需的专业知识，还要掌握现代科学、管理科学、经济学、法学和哲学等知识，并且要具备不盲目、不唯书、敢于挑战传统、勇于质疑的科学精神。对学生进行创业文化素质的培养可以多元质量观和学生自主学习的个性化原则为指导，结合学生先天的性格、志向、潜能、爱好和才能等方面的特点，建立起与专业教育相结合的创业教育课程体系及配套制度及与创业教育价值取向相一致的通识教育，培养具有理论、思辨、管理、经营、应用等特点的创业型人才。

一、创业文化素质培养的作用

(一)有利于文化教育理念的更新

创业文化素质的培养，体现了素质教育的重要性。目前，在我国高等学校开展的素质教育体系中，文化素质是基础。文化素质教育是全面推进素质教育的突破口和切入点，其中创业文化素质是主要的一个方面。"大众创业、万众创新"的时代背景必然会推动创业文化素质在高校素质育人环节中的深入开展，促进创业文化素质教育与思想道德素质教育、身心素质教育及专业素质教育的有机融合。

(二)有利于课程改革的深化

在校大学生要培养创业文化素质，除了学习专业课，还需要及时了解国内外经济发展形势、新技术革命内容、市场营销和企业管理知识及常见的成功企业家的经验等。这就要求学校调整课程结构,补充学生的创业文化知识,提高大学生的人文素质和科学素养,为科学教育和人文教育的融合开辟出新的路径。

(三)有利于人才培养模式的调整

在改革课程体系和课堂教学的同时,引入创业文化素质教育,加大社会实践活动和第二课堂建设力度,做到理论教育与实践教育相融合,课外教学与课内教学相结合。强调用丰富多样的社会实践活动锻炼学生的组织、管理能力,用高水平的校园文化氛围熏陶学生的道德情操,从而激发其民族精神,增强其社会责任感,使其思维更加活跃、文化知识结构更加合理。

(四)有利于师资队伍的建设

高校创业文化素质培养工作的开展,可提高学校学科结构完整性。与此同时,推动高校专业课教师参与各种创业知识的培训,可促进师资队伍的建设,有利于打造一支具有较高水平的师资队伍。

二、创新能力的培养是重点

2014 年在夏季达沃斯论坛上,李克强总理提出要在 960 万平方公里的土地上掀起"大众创业""草根创业"的新浪潮,形成"万众创新""人人创新"的新势态。由此可见,创新与创业是密不可分的。

创新能力的培养,对大学生内在素质的升华作用极其重要。进行专业教育和人文教育的同时,将创新能力的培养体现在细节当中,有效地避免学生在专业和人文教育过程中产生学习态度散漫、对知识缺乏兴趣的消极思维。纵观我国的教育历史可以发现,平庸者多于顶尖者,关键原因就在于教育的单一化、理论化、呆板化及教条化,这也是在国际领域很少有中国籍的"大家"的原因。因此,创业教育中,创新能力的培养是重中之重。

三、给学生的几点建议——从善如流

(一)积极参加实践教学环节

总结国外高职教育模式和特征,我们发现不论是德国的"双元制"、英国的"三明治"模式、澳大利亚的 TAFE 教育,还是美国的辛辛那提和安提亚克模式,都要求学生在学校学习专业理论知识的同时还要在企业接受职业技能培训,而且培训时间均有一定的要求。学生在确定自己专业前,会到所选择的专业相关的企业去实习,让学生尽可能多地与企业员工在一起,在了解专业在企业中的实际需要和发展前景的同时,培养吃苦耐劳和踏实的精神。要求学生要重视实习环节,自觉、主动地参加实践性教学环节,积极运用所学的内容,设计具有创业意识的方案。

(二)积极参与课外团体活动

通过研究国外教学模式,我们不难发现,国外高校学生的团体活动只要不违背法律,不与学校的规章制度冲突,校方都持鼓励和支持的态度。大学生只有多参加课外团体活动,形成自我教育、自我发展、自我管理和自我约束的局面,才能锻炼和提高自己的创新能力、沟通协调能力和领导能力。

(三)接受浓厚学术环节的陶冶

学生在校期间一方面要了解科学技术权威的贡献,系统学习科学技术历史上的成就;另一方面也要要求自己不能拘泥于已有的成就,不能迷信权威、故步自封。在养成尊重前人的成就、吸收前人成就的基础上,要学会保持批判的思维和眼光。在继承前人成就的同时,要学会创新和超越,才能攀登新的高峰。

第九章　大学生创业规划

第一节　创业机会的识别

成功在于规划。在现代社会，一个职业人只有尽早规划自己的职业生涯，才能准确把握人生方向，塑造成功的人生。对于创业者而言，创业也需规划，创业规划不是万能的，但没有创业，规划是万万不能的。一份好的创业规划可以让创业者了解自己拥有什么资源、自己能够做什么和需要做什么等。那么，对于广大的在校生而言，创业规划如何进行呢？据统计，七成大学生对创业感兴趣，但是居高不下的大学生创业失败率又让大多数学生对创业望而却步。创业规划是大学生创业成功的基本前提，因此，如何让大学生做好创业规划就显得尤为重要。

对于大学生创业者而言，寻找商机——创业机会是创业走向成功的第一步。因为创业是一种机会被发现的过程，创业者要想成功创业，就必须对创业机会保持较高的敏锐性。具有较高敏锐性的个体才能够感知、发现和评估创业机会，在这个过程中创业环境不再特别重要，而受创业者和创业机会两个因素双重影响，这就是所谓的个人—机会关系视角。这些都充分说明识别创业机会是创业的核心环节，是企业创造价值不可或缺的重要环节之一，对于新创立企业的发展至关重要。

创业机会是创业的基石。在创业初期，创业机会的发现往往比智慧、才能及资源更为重要。大多数研究者认为，未来的创业研究要在创业机会的识别及相关领域深入开展，分析创业机会的识别与创业活动中其他因素的关系，以进一步深入揭示创业机会的识别在创业这种新价值创造过程中的内在机理。随着创业研究的不断深入，越来越多的学者开始认识到创业机会的重要性，认识到创业就是围绕着创业机会的识别、开发和利用的一系列过程。

一、创业机会的概念

在创业过程中，创业机会的识别和开发需要创业者对存在的商业机会保持高度的敏锐性。由于创业机会的概念难以界定，所以不同创业者有不同的创业机会，这就要求创业者在特定的时间，通过自有的敏锐性来发现和识别他人发现不了的机会,并不断外在化机会信息,从而识别创业机会。创业机会识别也是对客观的资源进行整合的价值所在,这种客观存在的机会信息需要具有差异的创业者去发现。创业机会的发现就是创业者对市场上存在的商业信息进行有意识地搜集、整理和识别的过程,更多体现的是创业者卓越的信息处理能力

二、创业机会识别途径和内容

(一)创业机会识别途径

创业者对机会的识别,一部分是通过其社会资源来实现的;另一部分是由创业者自身的其他特征来识别的,这两种途径识别的创业机会具有明显的差异。创业机会的识别可分为 5 个过程,分别是知识获得、竞争观察、主动搜索、行为变革和集体行为。创业机会可以通过新服务或产品的创造、新材料的使用、新市场的开拓、新组织方式的开发或者利用新的生产过程等来实现。

创业机会的发现是创业者的最终目的,主要通过认知来进行和实现。创业机会的成功识别,其先决条件是创业者的敏锐性、社交网络、市场知识和顾客问题的有机结合。其中市场知识来自创业者的工作经验、相关的市场教育及与工作无关的经验和事件。创业机会识别不需要特殊的创造水平,也不需要具有服务市场的先前知识。

(二)创业机会识别内容

市场、技术、特定问题及社会因素等都是创业机会的主要来源。创业机会识别主要包括机会识别的知觉能力和机会识别的警觉性。要识别创业机会,就要更多地关注创业教育,因为创业教育能够使创业者知道创业机会中具体需要识别什么,也就是创业识别的目标。创业者的创业机会识别是对创业信息的一种发现和处理能力,是利用现有资源去更好地达到预定目标的一种可能性,是对在创业中所处压力的一种承受力的体现。在此基础上,提出创业机会识别的 3 个维度,如下所述。

≫ 1. 能力识别

能力识别指发现、判断和处理创业机会等方面的能力,具体表现在创业者对自身的竞争优势能够正确评估,认识自身在发现创业机会、合理整合和配置资源、

处理和判断创业机会方面的能力。

▶▶ 2. 目标识别

目标识别指创业者对创业机会目标的把握。创业者由于自身经历和所处环境的不同,对各种现有或潜在创业机会的认知程度不同,他们对创业机会识别的目标就会有所差别,创业者会识别那些自己熟知和有把握的创业机会。

▶▶ 3. 压力识别

压力识别指对创业机会给创业者所带来的生产、生活方面压力的认知。具体表现为创业者在创业过程中所面临的经济压力、社会压力和舆论压力,而且每个创业者面临的压力和承受的压力是不同的。

三、创业机会识别的影响因素

既然机会识别对于创业者这么重要,那么创业机会是怎样被识别的呢?对于是什么影响着创业者对创业机会的识别,普遍认为主要有 3 个影响因素:创业警觉性、先验知识和社会资本。

(一)创业警觉性与创业机会识别

创业警觉性是一种对没有被发现的创业机会的持续关注能力,是一种对各种物体、行为和事件等信息的敏感性。随后的研究把创业警觉性归纳为:①创业警觉性是一种发现潜在创业机会的能力;②创业警觉性是对未来创业机会的构想,是一种自身的倾向。

创业者通过自身的感觉和本能对市场上存在的商业机会进行感知。创业者在进行创业决策时,更加注重主观的感觉判断,很少科学、客观地评估。创业者的创业警觉性是一种促进创业者不断进行知识积累、传递与创业机会相关的信息的能力,有助于技术创新。建议初创业者首先在自己熟悉的领域搜寻创业机会,这样不仅可以节约成本,还可以提高搜寻效率。只有具有创业警觉性的创业者才能够关注市场,发现创业机会并及时采取行动从而获得利润。由于认知等方面的偏差,一些创业机会可能会被先进入市场的创业者遗漏,后进入的创业者因其知识的增加就会敏锐地发现这些创业机会。也就是说,正是创业者对创业机会的警觉使得原本非均衡的市场过程逐渐趋向均衡。

（二）先验知识与创业机会识别

为什么某些资源持有者能够识别出一些特殊的创业机会并且及时做出决策，而其他人却不能？主要原因就是这些创业者能够通过他们已经掌握的先验知识正确地理解和识别创业机会。事实上，很多时候并不是因为创业者比非创业者知道更多商业信息，而是因为一些创业者能够在恰当的时候、恰当的场合及恰当的领域获取恰当的机会信息。

影响创业机会识别的因素包括两个方面：特殊兴趣和创业者特有的知识、经验，而且个体的教育内容和工作经历也构成了创业者的先验知识。关于先验知识对创业者到底有什么样的影响，学者们做了大量的研究，发现新技术信息对于有着丰富先验知识的创业者的意义远远大于先验知识匮乏者，更利于这类创业者快速识别市场机会，开展创业行为。创业者个体的先验知识有助于其进行创业信息搜寻，创业者先验知识匮乏，机会识别的能力也就差。如何增加创业者的先验知识呢？这就需要创业者不断加强自身知识的积累、完善知识结构，这样才能有利于提高信息搜寻的成功性，提高机会识别的能力。习惯性创业者在知识储备和工作经历上都优于常人，这些都有助于提升创业者的机会识别能力。

（三）社会资本与创业机会识别

社会资本对目前的社会经济现象具有强大的解释力。许多学者认为，在人类生活中，人们并不只追求个人利益的最大化，社会中的人与人之间的关系可能对他们同样具有重要影响，这也是一种重要资源，有助于他们达到一定的目标。西方学者普遍认同，社会资本应从强联系社会资本和弱联系社会资本两个方面来考虑。强联系社会资本可以增强感情和信任，弱联系社会资本可以获得更多、更广泛的市场和消费者信息。强、弱联系的社会资本交织在一起，可以扩大创业者的信息流，扩大创业者的社会资源，这将有利于创业机会的识别。我国学者也认为社会资本对创业者识别创业机会具有明显的促进作用。拥有社会资本的创业者就拥有丰富的社会资源，能够得到比别人更多的商业信息，也会影响到个体对创业机会识别的感知和追求。拥有并善于利用社会资本的创业者对创业机会的识别数量远多于没有或不善于利用社会资本的创业者，机会识别的数量与其自身的社会资本的数量呈正相关关系。

创业者是否用到社会资本对识别创业机会的结果有很大影响，社会资本的使用者在人际交往过程中会获得更多的商业机会,而没有使用社会资本的创业者在识别创业机会时更多地使用了先验知识。有学者认为具有强联系的创业者社会资本越丰富,利用社会资本的可能性就越高,创业成功的概率也越高。

第二节 创业项目的筛选

创业投资作为一种新型的投融资机制,其突出的特点是高风险、高收益。因此,建立创业项目选择评价模型是投资决策进行的前提,大学生创业者在有限的人力、物力、时间及信息不对称的情况下,更应对评价项目进行正确的筛选。项目评价是指在可行性研究的基础上,根据国家有关部门颁布的政策、法规、方法和条例,从项目、国民经济和社会的角度出发,由有关部门对拟投资项目的必要性、建设条件、生产条件、产品市场需求、工程技术、财务效益、经济效益和社会效益等进行全面论证分析,并就该项目是否可行做出判断的一项工作。

一、创业项目选择评价的基本要素

构成创业投资的基本。要素是创业资本、创业投资人、投资目的、投资对象、投资方式和投资期限。

(一)创业资本

创业资本是指由专业投资人提供的投向快速成长并且具有很大升值潜力的新兴公司的一种资本。这类资金最初来源于富有的个人或家庭,随着创业投资业的发展,一些大公司、保险金融机构及政府也参与进来。风险资本通过购买股权、提供贷款或同时购买股权和提供贷款的方式进入这些企业。

(二)创业投资人

创业投资人是创业资本的运作者,是创业投资流程的中心环节,其主要工作职能是发现机会、筛选项目、决定投资,促进创业的成长,选择适当的时机和方式退出资金经创业投资人的筛选,流向创业企业,取得收益后,再经创业投资人回流至投资者。创业投资人大体可分为创业投资公司、产业附属投资公司、创业资本家和天使投资人四类。创业投资公司是最典型的创业投资人,主要通过创业投资基金来进行投资、在美国,这些基金一般以有限合伙制为组织形式,投资人出资占创业资本总额的9%,成为公司的有限合伙人,公司经理人员出资额仅占总额的

1%左右,作为创业投资的实际运作人,成为公司普通合伙人。这种公司组织形式被欧美国家普遍采用,在我国,直到最新的《公司法》出台后才承认了有限合伙制的合法性。产业附属投资公司是由大型的金融保险机构、企业集团等出资设立的专门从事创业投资的投资类公司。创业资本家是愿意为公司投入金钱、时间及精力的专业投资者。他们能为企业同时带来资金和经验模式,他们一般会选择在5~7年迅速成长并可能达到一定规模的公司。天使投资人是指个人出资协助具有独特概念或专门技术而缺少资金的创业者进行创业的投资者,享受创业成功后的高收益,同时承担创业中的高风险,是个体投资者或代理投资者直接对原创项目构思或小型初创企业进行的前期投资。

(三)投资目的

创业投资的目的是通过提供增值服务把投资的企业做大,然后在特定的时候选择特定的退出方式来变现股权,最终获得高额收益。

(四)投资对象

创业投资的产业领域主要是高新技术产业。投资的对象主要是科技型的中小企业,因为只有科技类的企业才能有爆发式的利润增长空间。

(五)投资方式

创业投资的投资方式主要有3种:一是直接投资;二是提供贷款或贷款担保;三是部分贷款和部分投资进行组合投资。投资一般采取一次性投入和分批分期投入的方式,资金可以来源于通过其他项目实现的收益,也可以是本项目前期投入获得的回报,或者是新募集的资金。

(六)投资期限

风险资本从投入到退出的时间称为创业投资期限。创业投资属于股权投资,期限一般较长,创业企业从种子期到成熟期一般要7~10年,风险资本在不同阶段进入,投资期限也不同。

二、大学生创业项目选择的基本原则

大学生创业者在选择创业项目时,一般应遵循以下5个原则。

(一)知己知彼原则

知己,就是要清醒地审视自己:知识经验积累、优势与强项、性格与心理特征、兴趣所在、拥有的资源等。知彼,是对社会未来发展趋势的判断,对潜在的、稳定的、恒久的需要的认识。大学生选择创业项目,是创造一个切入社会的端口,要找到一个自身与社会结合的契合点。所以创业项目选择要舍得下功夫,充分调查和论证,做到"知己知彼"。

(二)强化专有特色原则

特色是创业项目生命的内在根基,是企业生存下去的条件、站得住脚的基石。没有特色,任何创业都会是无根之浮萍。项目特色是扎根在正当的恒久需求之中的真实品质和效用,是吸引、影响、制约社会成员进行交换的资源,是存在项目之中的优秀基因,是争夺市场的竞争优势。

(三)自有资源优先原则

所谓自有资源,就是创业者本人拥有的或自己可以直接控制的资源,包括私有物质资产、个人社会关系、专有技术、行业从业经验和经营管理能力等。相对于其他非自有资源,自有资源的取得和使用成本较低,同时这些资源在利用过程中也容易使项目获得标新立异的优势,在今后的市场竞争中占据主动地位。

(四)项目合法化原则

创业项目要选择国家允许准入的行业和领域。国家对于有些领域是明令禁止的,如制毒贩毒、军火的生产和经营、非法传销等;有些领域是有限制条件准入的,如制药、烟草等;有些行业是有资质限制准入的,如大型的建筑安装工程、矿山的开采等。国家对于普通大众的民用商品则绝大部分没有什么限制,只需要守法经营和照章纳税即可进入大学生所选择的创业项目及经营一定要符合法律的规定,否则创业注定是要失败的。

(五)短平快原则

由于先天条件不足,大学生创业者在创业之前普遍缺乏资金、客户等资源,为了尽快脱离创业"初始危险期",使项目的运作进入良性循环,在同等条件下,应优先考虑那些"短平快"项目。这样操作一方面可以迅速收回投资,降低投资风险;另一方面,即便项目后期成长性不好,创业者也可以选择维持经营或后期主动退出,利用挖掘到的"第一桶金"另寻出路。

三、创业项目选择评价指标体系建立原则

创业项目选择评价模型的建立是一个系统化的工作,评价工作中要考虑众多因素,在进行项目评价时,要考虑每个因素的重要性是一件很困难的事情。因而在模型设计过程中,在能够反映项目评价特点的前提下,要按照一定的设计原则,尽量使评价模型简单明了,抓住主要因素,忽略次要因素,使其在实际操作中具有良好的可操作性。主要遵循的原则包括以下几点。

(一)系统性原则

在项目评价时,决定项目是否成功的关键因素很多,要系统性地考虑各个因素之间的关系。从系统论的观点出发,系统是一个多要素相互作用、相互联系的有机整体,各部分并非孤立存在。建立一个良好的评价指标体系也必须综合、平衡地考虑各个方面的因素。

(二)科学性和实用性原则

评价模型的科学性是确保结果准确合理的基础,其主要体现为指标是否反映了评估对象的特征;指标的概念是否正确,含义是否准确;评价模型的层次和结构是否合理;指标体系中的指标是否比较独立和全面。

(三)简单实用原则

虽然从理论的角度,可以设计出一个较为理想的选择评价模型,但在实践中,要考虑计算量的大小、数据采集的难易程度、指标可量化的难易程度,以便于操作,避免人为因素影响评价的结果。在设计评价模型的时候,一定要充分考虑指标的实用性和可操作性。

(四)关键因素原则

在全面的基础上,应尽可能选择具有足够代表性的综合指标和专业指标,以

便比较准确、简洁地表述项目的特征。

(五)周期性原则

因为创业投资项目具有显著的周期性特点,不同阶段项目面对的风险是不同的,所以我们设计的指标体系要有周期性,这样指标的设计才能比较贴切。

第三节　创业计划的展示

商业计划书是一份全方位的项目计划,其主要意图是递交给投资商,以便于他们能对企业或项目做出评价,从而使企业获得融资。商业计划书写作的直接目的是寻找战略合作者或者风险投资人。而对于新创企业而言,专业的商业计划书既是获得投资的必备材料,也是企业对自身的现状及未来发展战略全面思索和重新定位的过程。商业计划书的篇幅要根据企业的自身情况而定,既不能过于烦琐、面面俱到,也不能过于简单、忽略重点。

商业计划书写作前,要明确一个问题,那就是商业计划书的写作对象,要明确商业计划书是写给风险投资者的。如今越来越多的企业了解到商业计划书对企业的重要性,但是它们忽略了一点,即商业计划书不仅起到融资的作用,还对企业的发展有着指导的作用,换句话说,商业计划书是写给企业自己的。大多数企业认为商业计划书的写作要符合风险投资商的胃口,投其所好就可以不费吹灰之力拿到投资,这是不正确的。如果只是写给投资者看,那么这份计划书就没有坚实的基础,经不起推敲。一份合格的商业计划书,是在寻找到风险投资之后,可以指导实际的商业运作顺利进行。

一、商业计划书写作存在的主要问题

(一)内容臃肿,条理不清

很多商业计划书抓不住重点,对每一项内容都进行大量的专业性描述,且没有条理,内容不直观,这种内容臃肿的计划书是无法达到融资的目的的。一份成功的商业计划书应该涵盖潜在投资者所要了解融资项目的大部分信息,并且要将投资者通常关注的要点作为重点进行一一介绍。这样合格的计划书可以使投资者在有了投资意向之后迅速地根据计划书的内容进行后期的实质性运作。

(二)照搬照抄,简单堆砌

很多企业家按照商业计划书的格式,分别要求相关对口部门整理材料,最后汇总拼装,这样就算写好了。堆砌的材料缺少整体性,有时甚至是流水账式的陈述,用词老套,缺少感染力,语句也不通顺。如果没有一个能整体把握的人来做最后整理的话,这种商业计划书是很失败的。企业是有生命的,商业计划书也是有"魂"的。因此,一定要对商业计划书进行分析雕琢,从而提炼出真正的企业价值。例如,一家禽类加工企业如果在商业计划书中简单地陈述每年屠宰加工多少只鸡,容易让投资人联想到农贸市场上的摊贩。如果进一步陈述其产品主要供应给肯德基、麦当劳等全球餐饮巨头,冰鲜肉进入沃尔玛、华润等大卖场,给人的感觉就会焕然一新,这就提升了企业的价值。

(三)内容、形式不规范

商业计划书的不规范,尤其体现在内容、形式等方面。市面上存在着大量的简单刻板甚至流于形式的商业计划书,这些计划书是其写作者在阅读了大量网站及书籍上的商业计划书样本后写出来的,然而这些样本的内容及形式都是大同小异的,这种商业计划书也无法很好地完成它所承担的任务。对于商业计划书的格式,还没有任何一个组织做出统一的要求,这种情况存在于世界范围内,但是商业计划书必须涉及的内容已经得到了大家的统一认可。

二、商业计划书的写作准则

理念是指导思想,将其贯穿到商业计划书的实际写作中,就成为写作原则。尽管不同的商业计划书可以有不同的写作方法和风格,但万变不离其宗,总有一些原则可以遵循。撰写商业计划书的原则,主要有以下几个方面。

(一)主题明确

商业计划书的目的是获取风险投资者的投资,因此,在开始进行商业计划书写作时,应该避免一些与主题无关的内容,而应当开门见山地直接切入主题,展示项目。因为风险投资者没有很多时间来阅读一些对他们来说没有意义的东西。这一点对于很多初次创业者来说,是其在写作商业计划书时应当格外注意的。

风险投资者只能在极为有限的闲暇时间里快速浏览你递上的商业计划书,在这种情况下,如何在最短的时间里吸引风险投资者的注意力,引发他们继续读下去的兴趣,显然就成为渴望获得风险投资资金的创业者的首要任务。一份成功的商业计划书必须直奔主题,不要有过多的开场白,不要先过分吹嘘你的计划的美妙前景,也不要热情得近乎煽情。创业者应该了解风险投资者的心态,其实投资者在第一时间最想知道的是你是谁、你的计划是什么、如何实施、在哪里实施、什么时候进行。开宗明义的论述方式简洁、有力,给人以思维清晰的深刻印象,可以让人一目了然,对商业计划书的内容马上有了大概的了解。如果你的技术、产品和计划足够优秀,这样的表达方式能够更有效地促进创业者和投资者的沟通,能更容易地抓住识货者的心,大大降低风险投资者由于不耐烦而忽略创业者的商业计划书的可能性。

(二)分析客观

商业计划书虽然是创业者撰写的关于创办企业发展的一份战略性文件,但它在起步阶段的主要目的还是争取风险投资者的投资,所以它的主要读者是风险投资者。

在商业领域,激情是必要的,没有激情的人不是缺乏创造力,就是没有足够的动力来承担将一个创意从空想转变为实业、把一个企业发展壮大的艰巨任务,但激情的表达应有一个限度,人们所处的社会充满了各式各样空洞的说教,大家已经厌倦了光焰万丈的豪言壮语,需要的是冷静和客观。所以,商业计划书中的观点必须冷静客观,不偏不倚,既不要掩饰缺陷和不足之处,也不要夸大优势和市场潜力,语调应该尽量显得冷静客观,至于创业计划是否如你所说那么有利可图,还要留给读者去判断。

在撰写商业计划书时,创业者应该注意以下几个方面。首先,商业计划书是创业者向风险投资者介绍创业项目的说明书,风险投资者就是以创业者提供的商业计划书为基础,跟创业者进行磋商和谈判。计划书应该包含完整的信息,帮助投资者判断创业计划的发展前景。因此,在计划书中不能含有欺骗性或误导性的信息和内容,所有数据要尽量客观、切合实际,不要主观臆断、随意估计。其次,在进行价值评估、预测分析时,应尽量选用行业内公认的方法,不能随随便便地乱扯一气交差,应确切说明所采用假设、财务预估方法与会计方法。同时,也应该说明市场需求分析所依据的调查方法与事实证据,总之,一切都要做到有理有据。最后,在分析机会与威胁时,创业者容易犯一个错误,即倾向于有利于自己的方向来分析形势,极力搜集一切可能支持自己观点的证据和数据,而对于那些明显不利的证据和数据,则忽略不计或轻描淡写,这明显不是客观、负责的态度。投资者需要的不是报喜不报忧的虚假信息,他们想要了解真实的情况。能否本着客观、务实的精神编写商业计划书成为投资者考察创业者的一个重要标准。

(三)内容平实

商业计划书的写作风格应该强调通俗易懂,应尽量采用通俗易懂的语言,以免产生误解。应避免使用冗长、复杂的句法,句子要尽量简短、有力。切记描述、分析问题不要太过学术化,商业语言和学术语言有较大差异,并不是所有的风险投资家都接受过专业训练,也并不是每个风险投资家都欣赏学究式的风格。简而言之,语言通俗简单有助于清晰地表达你的意思,能树立精干务实的形象。当然,这里所说的通俗易懂并不代表流俗,过于贫乏的语言会显得创业者平庸。所以,如何在过于学术化和平淡之间找到一个中间点,需要一定的技巧和经验,这方面的问题可以咨询有关专家。

商业计划书编写时要注意的另一个问题是保持严谨的作风。要把计划书的编写当作一件严肃的事情认真对待,耐心搜集所需的资料和数据,踏踏实实地做好调查研究工作;要把商业计划书当作一个整体来进行统筹规划,精心安排各部分的内容和陈述方式,使得相互之间的衔接合理流畅,注意避免结构松散、主题不明、格式混乱等现象的发生;在分析问题时,要详细周密,不要漏掉一切相关的影响因素,应完整地包括商业经营的各功能要项,对于非相关的资料尽量不列,以免过于冗长。

(四)文本规范

商业计划书没有统一的格式,但就每份商业计划书而言,它必须有自己完整的风格。只有这样才能相对完整地陈述必要的内容,也使计划书本身更具有说服力,并体现出专业素质。

商业计划书的编写工作通常并不是由创业者一人来做的,而是由几个人一起完成,但每个人都会有自己习惯的风格和写作方式,有的沉稳老到,有的慷慨激昂,于是就产生了风格不协调的问题,这个问题解决不好,会使文章不伦不类,可读性差。所以,最后应该对完成稿进行风格统一的工作,使文章看起来统一、专业。例如,所有标题的大小和类型都应该与全文的内容和结构相协调,优美而整洁。

除了写作风格以外,应用的数据也应该前后一致。"数据的准确性是一份严谨计划书的基本要求,它是任何分析、预测、推论的前提,计划书中出现的数据要经得起考验,数据存在缺陷的计划书是不可信的"。基于此,商业计划书在编写过程中对数据的处理一定要细致,切不可出现数据前后不一致的现象。数据不一致会引起读者对数据真实性的怀疑,进而也许还会诱发读者对创业者的诚信度、创业计划的可信度的怀疑,这是任何一个创业者都不愿看到的。所以,商业计划书完成以后,创业者还要着重检查文中的各部分相关联的数据是否出现冲突。

(五)任务明确

一份好的商业计划书绝对不是一堆数据和表格胡乱拼凑在一起的大杂烩,它必须条理清晰、脉络分明、线路明确、层次感强,读起来清晰明了。

任何一个计划都不可能一蹴而就,风险创业更是如此。风险投资开创事业的结局多数处于两种极端,或灿烂辉煌,或一败涂地。投身于风险投资就等于选择了与风险为伍,风险投资家一般被认为是不回避风险的人,风险就是他们的事业。但是他们在挑战风险的同时,也不喜欢风险无休止地膨胀,他们总是尽力试图将投资的风险置于自己控制范围之内,通过某些安排将风险最小化。所以,大多数风险投资家在与创业者签订投资合同时,会选择分段投资方式,即给每一阶段设定一些目标,如果能够实现,就追加投资,否则将重新考虑与创业者的合作。风险投资家虽然也憧憬超额的投资回报,但他们是理性的,他们也希望创业者能解释自己的项目是如何一步步达到盈利的目标,每一步的论证都能够让人信服。这就如同证明一道几何题,缺了中间的步骤,最后的证明将是不成立的。因此,创业者设计的商业计划书也应该将这一因素考虑在内,将创业进程划分为几个阶段,每个阶段设定不同的目标,给出企业不同的努力方向,而不是笼统地写出一个最终目标。

此外,阶段目标需表明创业者对其所创建事业的信心。一份能将每个阶段该怎么做、做到什么地步规定得一清二楚的计划书至少能说明这些事实,即计划的设计者是用了心的,他了解创业计划的各个步骤,知道所创建事业的发展方向和具体操作,知道所面临的困难和克服困难的可能性与措施等。浮夸的东西经不起推敲,很难在继续细分的过程中保持逻辑的严密性和前后连续性。

三、商业计划书的写作流程

（一）材料的收集

一份优秀的商业计划书绝不是闭门造车、一夜之间就能写出来的，它需要做大量的准备工作，素材准备得越充分，计划书写作起来越快，质量也越高。

技术资料的收集是写作商业计划书的前期准备工作中的一个很重要的部分。"对于风险投资来说，创业的前提是创意，而技术的先进性和市场潜力则是该计划吸引力的核心"。因此，如何向投资者表明该项目技术的诱人前景和独特性往往是一份商业计划书成败的关键。为了使阐述令人信服，打动投资者，则必须收集足够的技术信息和资料，然后将现有的技术与创新技术相比较。

新闻媒体，诸如报纸、杂志、广播、电视等，是重要的创业信息来源。这些媒体总是追踪最新的包括技术信息在内的各个领域的新闻，而且由于其覆盖面广，为众多商家所青睐，可以招来大量的广告。这些广告汇聚着丰富的各行业的技术、经济信息，创业者很容易从影响大的媒体中获得许多感兴趣的技术资料。各类会议，特别是专业性会议，也是重要的创业信息来源。这类会议包括政府机构、行业协会、企业联盟、科研机构等团体举办的讲座、研讨会、信息发布会、展览会等。参加各类会议，创业者往往可以面对面、交互式地获取需要的信息，甚至可以结识一些新朋友，为自己培育稳定的信息来源。

除了要收集到充足的技术资料以外，创业者还应该对市场进行全面、细致的调查研究，以确定计划的市场可行性。创业者在写作商业计划书前，需要了解其技术与产品的市场潜力的大小和增长速度，用户对产品的满意程度，生产产品的技术先进性及性能，了解行业和技术的发展趋势，了解行业的竞争程度及对手的竞争力和市场占有率，外部政策法律环境是否有利于该技术及产品的发展，生产管理等方面是否会遇到什么问题，如所需要的原材料的价格、质量和供应渠道等。

（二）摘要的写作

摘要是风险投资者最先看到的部分，是整个商业计划书的高度浓缩及精华之所在。浏览摘要部分并且在最短的时间内对每个商业计划书进行一个简单的评估，是风险投资者最经常做的事情。摘要部分要能够激发风险投资者的兴趣，投资者才会继续将商业计划书读下去,风险投资者的时间和精力是有限的,不可能将每份商业计划书都逐个看一遍。如果摘要无法激发其兴趣,投资者可能就不会去读商业计划书的正文部分,即使正文写得再好也于事无补。所以,摘要部分在整个商业计划书中起着至关重要的作用。

商业计划书每章的总结形成了摘要部分,它包含了商业计划书的各个方面,并且每个部分在摘要中所占比例基本相等。将商业计划书中的重点部分提取出来进行加工制作,就形成了摘要的基本内容。摘要的形式有所限制,每个方面的描述不要超过三句话。

不同类型的商业计划书摘要所强调的内容都会有所差别,一般包括以下内容。一是公司名称和联系方法。二是创业企业业务范畴和类型,要说明主要的经营范围。三是管理团队和管理组织。管理团队是投资者非常重视的方面,一个成功的管理团队能够使企业获得成功。所以,在写作过程中,要列出有成功经历的管理团队人员,并做一个简要的介绍,真实地反映成就,不要过分吹嘘。四是产品或者服务及市场竞争情况,在这里要说明投资项目在行业中的重要地位,最重要的是要强调在行业中有没有竞争对手。五是财务状况和计划。这里要保证数据的真实可靠性,不要过多地加以修饰。风险投资者一般不是技术专家,但大多是财务专家。六是投资出路。投资者不会做公司的永久股东,所以,在此要说明在若干年后投资的出路,是实现股票上市,或者由企业管理者赎回等,否则可能得不到投资。

因此,摘要需要用最简练的语言来说明项目的目的与计划,具体细节并不需要在摘要中显现出来。同时,写作中还要展示出企业为什么需要资金及能用这笔资金达到什么目的,并且要展示出其具有盈利的能力。如果说商业计划书是打开风险投资大门的一把钥匙,那么商业计划书的摘要就是拿到钥匙的桥梁。所以,一个简明清晰的摘要在商业计划书中起着至关重要的作用。

(三)管理团队的写作

撰写商业计划书的过程中,管理团队起着重大的作用。一个成功的核心团队能够在企业遇到风险的时候使企业转危为安,一个具有强大实力的核心团队,还是企业在以后的发展过程中的坚实后盾,在处理问题与解决问题的时候能够起到积极、正面的作用。

撰写商业计划书时,在核心团队的介绍部分要突出企业的管理团队人才济济,并且组织结构合理,在管理、产品设计与开发、市场营销等方面均具有独当一面的能力。团队的成员足以保证企业以后成长发展的需要,而且足以克服未来创业中的各种不可预知的困难。在商业计划书中,这一部分的写作是非常重要的。可以说,没有一支优秀的管理团队,创业企业不可能获得风险投资,风险投资商在退出资本时也不可能把企业卖个好价钱。从一定意义上讲,好的管理团队就是创业企业的品牌。因此,风险投资者会特别注重对管理队伍和管理模式的评估。由此可见,核心团队的成功经历在商业计划书写作过程中的作用不可小觑。

撰写商业计划书时,对核心团队的成功经历进行展示,同时要对管理团队主要成员进行展示。在这一部分的写作过程中,要介绍创业企业的领导者及其他对公司业务有关键性影响的人。通常小公司不超过 3 个关键人物,而大公司不宜超过 6 个关键人物。在这里需要注意的是,风险投资者对关键人物十分关心,应该从最高者起,依次介绍。对管理人员主要从教育背景、工作经历、领导能力及个人品质等方面进行介绍。

(四)产品与服务部分的写作

产品或服务是计划书写作中重要的一部分。即使创业企业有雄厚的实力、精干的管理团队,但是如果没有可销售的独特的产品或产品开发计划,都不算真正开展了业务。因此,产品或者服务描述是经营计划中必不可少的一项内容。所有的创业计划归根结底都要通过产品或服务来创造价值,带来盈利。产品或服务是创业计划执行的结果,风险投资家通过考察创业公司的产品或服务,能够对创业计划的可行性和盈利能力有一个基本的了解。

要用简明扼要的语言说明创业者的产品与服务是什么,让投资者从开始就能弄清楚创业者的公司生产什么东西。如果创业者提供几种产品,可以把焦点集中在最重要的一个产品,其他的产品则简单介绍即可。

(五)市场分析部分的写作

企业不可能生活在真空里,所有影响行业的因素必然会影响到企业。因此,要深入了解影响行业的因素,从而找出有利于企业成功的条件。在撰写商业计划书时,要对企业所属的行业进行一番调查研究,进行客观的分析,之后在计划书的写作过程之中将所分析得出的结果突出表现出来,同时要让风险投资者清楚地知道企业所处行业的情况,了解不利因素和所面临的市场机遇。

(六)对企业所在行业的发展方向的预测及分析

在商业计划书的写作中,应该就企业所处行业的全貌及企业产品在行业中的需求变化情况进行描述。企业所处的行业及企业在行业中的地位是相当重要的信息,风险投资商可以从中判断出企业的未来发展前景。应该如实描述行业状况及创业企业在行业中所处的地位,让投资者有一个客观判断的余地。

对行业的现状介绍以后,应该介绍行业今后的发展状况。商业计划除了让读者对创业企业所处的行业情况有一个明确了解之外,对行业的发展方向也应有一个明确的了解,从而较为全面地掌握企业所处的环境信息。当然,要做到对行业发展的预测是比较困难的,但是这个问题还是应该写明,简单的办法就是引用公认的权威人士的预测。

在商业计划中还应该从更广泛的角度,也就是从国内、国际大趋势的背景下考虑影响行业发展的因素及作用的大小。一般来讲,应该考虑到以下几个方面的因素。经济、政府政策、文化和社会价值观、生活方式的变化趋势及技术进步、工艺提高等。

综合以上分析,一份好的商业计划书不但可以让风险投资商了解到创业企业所处的行业现状、企业在行业中的地位及行业的发展趋势,而且交代了原因,增加了商业计划书的说服力和可信度。

(七)市场营销部分的写作

在商业计划书中,对市场营销策略的设计一定要详尽且有策略性。风险投资者在对一个项目有投资意向之后,其关心的问题就是产品或者服务未来的市场营销策略。通俗点来说,就是如何将产品或者服务顺利地销售出去。市场营销设计的好坏充分显示了创业者的能力。此时投资者希望知道的是,产品从生产到用户手中的全部过程。所以,采取切实可行的市场营销策略是非常必要的。

在商业计划书的写作过程之中,要把握好产品的定位。许多现代企业的营销战略家遇到的首要问题就是"产品"问题,因为它不仅仅指为用户服务,还是提供给客户的诸多特点及利益中的重要部分。创业者只需对产品重新做出定义,使其涵盖所提供的各种服务,就可以轻松地得到"产品"的更新、更全面的概念。

商业计划书中,产品定价是一项很重要的工作,而且对企业来说极具风险。价格常会影响一项产品被市场接受的程度及竞争对手的经营战略与行动,最终还影响销售者的销售收入和利润。创业企业是一种高投入、高风险的企业,其技术的不确定性和市场的不确定性一方面使定价工作中不可把握的因素增多,从而难度大增;另一方面使定价在企业营销活动中,对上述诸因素的影响程度更为明显。所以,研究定价策略对创业企业而言,相当重要。

在商业计划书中,描述分销渠道之时,要注意到在企业销售过程中,影响分销渠道的因素有很多,如产品特点、市场因素和企业本身条件等。分销渠道要根据企业自身资金、声誉、销售力量的强弱来选择。

在商业计划书中,设计合理的促销方式,会对实现企业销售目标有很大的促进作用。选择促销方式时应注意三种因素,即销售促进目标因素、产品因素和企业自身因素。销售促进目标因素注重的是工具,即为了能达到所预期的促销目标,必须选择合适的工具。产品因素首先要考虑的问题是产品类型及产品所处的生命周期,进而选择不同的促销工具,工具的选择一定要适合产品的生命周期。而企业自身因素必须要符合企业的形象,在考虑企业的可利用资源及自身的优劣势以后,必须要保证企业的形象不受损。

(八)风险分析及防范部分的写作

商业计划书写作中应该对公司可能遇到的各种风险做出实事求是的分析,使整个创业计划显得更客观,同时,还要针对所提出的风险提出一些防范措施,尽量让风险投资家相信,所有这些风险都能够得到有效的控制。在企业经营过程中,风险是任何企业都无法回避的问题,对于创业企业更是如此。不过,应当注意的是,风险可以降低,但不可消除。

风险存在于整个运营过程。它并不单单存在于某一个特定的环节,要在商业计划书中将经营过程中可能遇到的风险进行一一分析。可能遇到的风险大概可分为技术风险、市场风险、财务风险、管理风险。

在商业领域,风险是客观存在的,它并不可怕。只要在每个风险后面附有相应的解决策略,让风险投资商放心,说明创业企业的管理者有能力、有办法控制风险,才能使投资商有信心投资。

(九)财务预测的写作

投资者期望从该部分来判断企业未来经营的财务损益状况,进而从中判断能否确保自己的投资获得预期的回报。相对来讲,财务分析是整个商业计划书中比较专业的部分,对写作者有较高的要求。在商业计划书的写作过程中,财务分析将是一个需要花费相当多时间和精力来写的部分。如果写作者缺乏这方面的知识,就需要请求相关专业人士的帮助。财务分析主要分为几大部分,即对公司的财务状况进行回顾,对公司未来的财务进行预测,提出创业公司的融资计划和资金使用计划,主要包括目前的财务状况、财务预测、融资计划、资金使用计划等方面的内容。

第十章　高校大学生创业的商业模式

第一节　商业模式的定义和本质

全球管理大师彼得·德鲁克曾说:"当今企业之间的竞争,不是产品之间的竞争,而是商业模式之间的竞争。"由此可见,商业模式对于一个企业的重要性。由于商业模式率先创新者能够掌握更多的资源,如核心技术、资源垄断、产业链掌控力及系统建设等。因此,这些创新者能够更好地形成核心竞争力,从而发展速度快、增长潜力巨大,并且产生和创造较高的利润及附加值,在保持持续盈利的基础上,却不容易被其他企业模仿和超越。因此,大学生创业者们在创业过程中不仅要重视商业模式的作用,更要依据自己的实际情况,设计出具有创新性和差异化的商业模式。

一、商业模式的定义

亚信总裁田朔宁到美国去融资,美国的著名投资商罗伯森问田朔宁:"亚信的商业模式是什么?"田朔宁听了一头雾水,罗伯森说:"一块钱通过你的公司绕了一圈,变成一块一,商业模式是指这一毛钱在什么地方增加的。"的确,商业模式是近年来企业界和学术界经常谈论的一个话题,也是挂在创业者和风险投资者嘴边的一个常用词,更是在投资决策时人们关注的要点之一。几乎每个人都确信,一个好的商业模式,就是成功了一半的保证,那么到底什么是商业模式呢? 这也难怪当时田朔宁和罗伯森都未能很好地解释什么是商业模式了,因为商业模式一词,尽管第一次出现是在 20 世纪 50 年代,但直到 90 年代才开始被广泛使用和传播。而这一词虽然出现的频率极高,但到目前为止,关于商业模式的定义与概念的本质,学术界与实业界都尚未达成共识。

琼玛格和南·斯通在《什么是管理》一书中对商业模式的定义是指一个企业如何通过创造价值,为自己的客户和维持企业正常运转的所有参与者服务的一系列设想。泰奠尔斯则认为商业模式是产品、服务和信息流的体系,描述了不同参与者和他们的角色及这些参与者潜在利益和最后收益来源。帕特鲁维克等人认为一个商业模式不是对其复杂社会系统者关系和流程的描述,相反,一个商业模式描述了存在于实际流程后面的一个商业系统创造价值的逻辑。威尔和维塔尔把商业模式描述为在一个公司的消费者、联盟、供应商之间识别产品流、信息流、货币流和参与者主要利益的角色和关系。清华大学雷家辅教授概括企业的商业模式是一个企业如何利用自身资源，在一个特定的包含了物流、信息流和资金流的商业流程中，将最终的商品和服务提供给客户，并收回投资、获取利润的解决方案。

虽然商业模式的定义目前尚无统一概念，但是通过各学者的界定我们可以看出，大家都强调了企业价值的实现，而企业价值的实现又是以客户价值的实现为基础的。因此可以认为，商业模式就是实现客户价值的逻辑，是指为实现客户价值最大化，把能使企业运行的内外各要素整合起来，形成一个完整的高效率的具有独特核心竞争力的运行系统，并通过最优实现形式满足客户需求，实现客户价值，同时使系统达成持续盈利目标的整体解决方案。简而言之就是，企业如何获得资本，用资本做些什么，为谁做，用什么做，怎么做，用什么方式提供给需求者，最终获得利润的整体解决方案就叫作商业模式。

二、商业模式的本质

从对商业模式定义的讨论可以看出，商业模式的本质是一系列制度机构和制度安排的连续体，其核心就是企业组织的价值产生机制。制度结构的连续体意味着商业模式的本质属性就是创新和变革，因此商业模式必然存在动态连续的变革演进。而价值创造是企业组织存在的根本理由和发展必要条件，也是经营活动的核心主题。主要有三个来源，即组织自身价值链、技术变革和价值网络。

从静态的角度来看，在组织自身价值链层面，商业模式从制度上决定业务流程，而业务流程又与信息系统密切相关，两者使用与否决定了组织能否实现价值预期。而在技术层面，商业模式是技术开发与价值创造之间的转换机制，其成本/收益结构决定了技术开发成本能够获取的价值收益。当下，随着信息技术和电子商务的发展，组织边界日益模糊，这大大增加了交易和协作创造价值网络增值的可能性。

从动态的角度来看，上述三个方面是商业模式在特定时间和空间下的静态实现。但事实是今天的模式也许并不适用于明天，甚至成为发展的障碍。为了使企业组织获得长期的、人性的核心优势，商业模式必须提供基于制度结构和制度安排的动态连续性，必须始终保持必要的灵活性和应变能力，因为只有动态匹配的商业模式才能获得成功。

三、商业模式和商业战略的关系

随着中国市场和世界市场的经营环境变得越来越复杂,战略性地思考一个公司定位,从而在竞争中取得成功变得愈加重要。商业战略是指企业所采取的旨在达成一项或多项组织目标的行动,其目标就是实现优于竞争对手的绩效和竞争优势,它具有过程本质,包括战略制定和战略实施两大阶段。商业战略面向未来,把握企业的总体发展方向,聚焦于企业的远见和长期目标。那么商业战略与商业模式有什么区别,两者之间是怎样的关系呢?

(一)商业模式与商业战略的联系

商业模式是战略的一部分,是企业基于商业模式的一套关于行动方向的策略。商业模式实际上是一套企业进行战略思考的框架。一个企业的商业模式是对企业所处的现实状况的最实际的描述,代表了企业最真实的状况。

商业战略提供了商业模式创新的途径。战略是企业为了获取持续竞争力和盈利而进行的方向性、长期性的整体宏观的考虑,而商业模式重点要解决的两个问题就是盈利和持续盈利。换句话说,如果企业从事某一领域的商业活动已经有一段时间,当它面临战略转折点,需要对原有的战略重新定位与变革的时候,最好首先从对企业原有商业模式进行创新开始。因为战略的本质存在于具有差异性的活动当中,而商业模式的创新就是要选择以不同的方式来执行活动或执行与竞争者不同的活动,否则战略不过是一句好听的口号,经不起竞争的考验。另一种情况是,如果企业正处于创办阶段,而且有一个新颖的但不够完善的商业运作模式,那么它最好首先明确自己的战略,并根据此战略进一步整合原有的商业模式,使之具有内在的一致性和相互促进的作用,这样就能够充分发挥商业模式的先发竞争优势。

与传统战略相比较,商业模式创新了传统战略的思维方式、设计流程和路径选择,进一步强化、深入了战略的时间分布和空间分布,使得战略内部的层次更为分明。

▶▶ 1. 商业模式颠覆了传统企业的思维方式

传统企业主要基于"我想做什么"来思考自己的业务,这是单向思考。每个企业都像工蜂一样平等,都为产生利润和商业价值而活。商业模式站在产业链的角度,以行业价值链的负责人、现有规律的打破者的角度思考"我们想做什么"及"我"在"我们"当中的角色定位,从而使得企业之间也出现了一个社会角色的分工。商业模式就好比有一个产业链支柱企业,基于客户价值的整体提供,把若干企业整合起来分别从事研发、生产、销售及售后服务,从而实现企业之间的社会分工。

2. 商业模式颠覆了传统战略的设计过程

传统企业制定战略的时候,首先确定一个目标,而战略就是达成这个目标的一套具体的行动路径,并且围绕着实现这个目标,企业的思考要确定怎样的客户,确定怎样的产品和服务,以怎样的一个价值交付方式,把这个产品和服务交给怎样的客户,最终实现价值的交付。

商业模式思维把企业由单纯的利润制造者,变成了利益相关者共同创造利润。战略本身没有变,只是实现利润的路径更加网络化,无边界化了。可以说,商业模式就像黑洞一样,改变了传统战略内部的空间分布和时间分布。

3. 商业模式异化了战略路径

商业模式的引入,使客户、产品(或服务)、价值主张等都需要再界定,甚至需要不断再界定。商业模式是在战略路径里面发育出来的一个新结构。这种发育其实是时代和企业运作的产物,它从利益相关者融资、融产、融智、融市场,整合提供给客户价值。这个过程中未必增加公司自身的实际投入,反而使得实现战略的路径更加丰富多样,更加多变,同时思考空间和差异性也更大了。

(二)商业模式与商业战略的区别

1. 两者的组成部分不同

我们从商业模式的来源、构成要素和内含可以看出商业模式是为了实现客户价值最大化,把能使企业运行的内外各要素整合起来,形成一个完整的、高效率的、具有独特核心竞争力的运行系统,并通过提供产品和服务使系统持续达成盈利目标的整体解决方案。

商业战略则是对企业各种战略的统称,其中既包括竞争战略,也包括营销战略、发展战略、品牌战略、融资战略、技术开发战略、人才开发战略、资源开发战略等。商业战略是层出不穷的,它虽然有多种,但基本属性是相同的,都是企业的发展谋略,都是对企业整体性、长期性、基本性问题的规划。各种企业战略有同也有异,一般来说,相同的是基本属性,不同的是谋划问题的层次与角度。总之,无论哪个方面的计谋,只要涉及的是企业整体性、长期性、基本性的问题,就属于商业战略的范畴。

》》2. 两者强调的重点不同

艾略奥特认为:"企业战略详细地说明商业模式如何应用于市场,以便使企业与竞争对手相区别。"这说明,战略使商业模式在外部市场上实现企业间的差异化,从而表现出优异绩效。战略与商业模式是企业的两个侧面,它们相互之间不存在替代关系。

商业模式主要是怎样设计一个整体方案使得企业能够营利,并保证盈利能够获得持续性。而商业战略更重要的是解决企业各方面的一个方向性问题,使得企业能够朝着正确的方向发展并获得持续的竞争力。通常商业战略具有竞争特征,通过建立并保持竞争优势战胜对手并获取优良绩效,这是战略的主要目的和内容。

第二节　商业模式设计的思路和方法

不少创业者每天宁愿花费大量的时间去思考公司重大决策方面的事情,投入大量的人力物力去精心运作和执行,却不肯花费一点时间来考虑、设计适合企业的商业模式,使公司长期在利润区外徘徊,却总是找不到进门的钥匙。殊不知,在企业的战略与运营之间其实存在这样一个被人忽略的规律,找到它,成功的企业能更加稳固,平凡的企业可以焕发新生,流动的资本会找到利润趋势,这个规律就是商业模式。

一、商业模式的逻辑

一个好的商业模式必须回答以下3个基本问题:企业的顾客在哪里? 企业能为顾客提供怎样的(独特的)价值和服务? 企业如何以合理的价格为顾客提供这些价值并从中获得企业的合理利润?

这3个问题反映了商业模式的价值主张、价值网络和价值实现等要素,而这3个要素之间的不同组合方式又形成了不同的商业模式。商业模式是企业创造价值的核心逻辑,这一逻辑性主要表现在层层递进的 3 个方面。

(一)价值主张

明确价值创造的来源,这是对机会识别的延伸。创业者通过可行性分析所认定的创新性产品和技术,只是创建新企业的手段,企业最终的盈利与否取决于它是否拥有顾客。创业者在对创新产品和技术识别的基础上,进一步明确和细化顾客价值的所在,确定价值命题是商业模式开发的关键环节。绕过价值主张的思维过程,创业者容易陷入"如果我们生产出产品,顾客就会来买"的错误逻辑,这是许多创业实践失败的重要原因之一。

(二)价值网络

明确合作伙伴,实现价值创造。新企业不可能拥有满足顾客需要的所有资源和能力,即便新企业愿意亲自去打造和构建所需要的所有能力,也常常面临着很大的成本和风险。因此,为了在机会窗口内取得先发优势,并最大限度地控制机会开发的风险,几乎所有的新创企业都要与其他企业形成合作双赢关系,以使其商业模式能够有效运作。

(三)价值实现

制定竞争策略,占有创新价值。这是价值创造的目标,是新创企业能够生存下来并获取竞争优势的关键,也是有效商业模式的核心逻辑之一。许多新创企业是新技术或新产品的开拓者,但却不是创新利益的占有者。这种现象发生的根本原因在于这些企业忽视了对创新价值的获取与实现。

价值实现的途径有两个方面:一是为新企业选择价值链中的核心角色;二是对自己的商业模式细节最大可能地保密。对第一个方面来说,价值链中每项活动的增值空间是不同的,哪一个企业占有了增值空间较大的活动,就占有了整个价值链价值创造的较大比例,这直接影响到创新价值的获取。对第二个方面来说,有效商业模式的模仿一定程度上将会侵蚀企业已有利润,因此新创企业越能保护自己的创意不泄露,就越能较长时间地占有创新效益。

总而言之,客户价值主张有独特的、可测量的、可持续的特征。而价值创造是以客户价值主张为基础的,因此价值创造的水平取决于目标客户对新任务、新产品或者新服务的新颖性和专有性的主观评价。同时,对于企业来说,价值创造过程和价值实现过程是不同的,企业创造的价值不一定能够被客户认可,因此企业的主要目的是创造和实现价值,而客户是价值的决断者,客户价值主张、价值网络和价值实现构成了企业商业模式的核心内容,也是有效商业模式的 3 个逻辑性原则。在其开发过程中,每一项思维过程都不能忽略。新企业只有认真遵循这一原则,才能真正开发出同时为顾客、企业及合作伙伴都创造经济价值的商业模式。

二、商业模式的设计思路

商业模式的设计是创业机会开发环节的一个不断试错、修正和反复的过程。创业者在进行商业模式设计时,必须分析自身的条件和外部的宏观环境以选择合适的模式。

(一)具体分析产业环境

企业所处的产业环境是影响商业模式的关键因素。当产业处于不同的发展阶段时,企业行为、产业结构及市场绩效都会不同,而政府在各个时期的宏观政策也会有所侧重和不同,这些宏观环境都是企业进行商业模式选择时需首要考虑的内容。

(二)充分评估企业能力

企业的内部条件是商业模式设计的重要因素,因为任何商业模式的变革都是在企业的核心战略指导下进行的,并以核心资源及内部流程重组为基础的。

因此,企业的现状及内部流程等因素也是企业进行商业模式设计时不容忽视因素。

(三)商业模式设计的方向

美国麻省理工学院教授哈克斯和他的团队调查了美国上百家公司,提出了组织商业模式设计的三个方向。

▶▶ 1. 最佳产品模式

该模式的设计思路基于波特的低成本和产品差异化的战略选择理论。企业通过简化生产过程、扩大销售量来获得成本领先地位,或通过技术创新、品牌或特殊服务来强化产品某一方面的特性,以此来增加顾客价值。

▶▶ 2.客户解决方案模式

该模式的设计出发点则是强调经营战略定位的重心从产品向客户转移,强调给客户带来的价值及客户的学习效应,通过一系列产品和服务的组合,最大限度地满足客户的需求,或通过锁定目标顾客、提供最完善的服务,实施手段是学习和定制化。

▶▶ 3.系统锁定模式

该模式设计视角突破了产品和客户的范围,考虑了整个系统创造价值的所有要素,这些要素中除了竞争对手、供应商、客户、替代品之外,还包括生产互补品的企业。通过联合补充品可使厂商一道锁定客户,并把竞争对手挡在门外。

三、商业模式的设计框架

著名教授与作家加里·哈默尔认为,有效的商业模式必须包括 4 个关键要素:核心战略、战略资源、价值网络和顾客界面。我们可以将其具体分解为企业价值链条和价值要素的过程。

(一)核心战略

核心战略是商业模式设计需要考虑的第一要素。核心战略描述了企业如何与竞争对手进行竞争,主要包括企业使命、产品/市场定位、差异化基础等基本要素。企业使命表达了企业优先考虑的事项及衡量企业绩效的标准,描述了企业为什么而存在及其商业模式预期实现的目标。

产品和市场定位的思考是明确企业所集中专注的产品和市场范围。企业内外价值增加的活动可分为基本活动和辅助活动。基本活动涉及企业生产、营销、原料储运、成品储运、售后服务,辅助活动涉及人事、财务、计划、研究与开发、组织制度等,基本活动和辅助活动共同构成了企业价值链。要使企业有特色,就要有一个不同的、为客户精心设计的价值链。生产、营销和物流必须和对手不同,否则只能在运营效率上进行同质化的竞争。另外,在价值链上的各项活动,必须是相互匹配并彼此促进的。这样,企业的优势就不是某一项活动,而是整个价值链一起作用,从而使竞争对手难以模仿。

独特的价值诉求使企业做的事情和其他竞争者相比有很大的差异,从而构成自己的核心竞争力。价值诉求主要体现在以下 3 个重要的方面:第一,市场细分。企业准备服务于什么类型的客户,这需要从消费差异、个性差异、实力优势差异等几个方面寻求自己的客户群。第二,选择切入点。满足这些客户什么样的需求。第三,建立自己的成本优势。企业会寻求什么样的相应价格。这三点构成了企业的价值诉求。选择要和对手有所不同,因而必须给自己合适的定位,采取一种独特的视角,满足一种独特的需求。战略本身就是一处选择,因此定位时要做出清晰的取舍,要确定哪些是必须要做的,哪些事是要放弃而不去做的。这样可以使企业集中精力于自己的优势,使竞争对手很难模仿自己的战略。

差异化基础可以通过以下两条途径来实现:第一,对现有价值活动的优化。这种优化越多,其竞争对手的模仿能力就越低,增加差异化优势可给企业带来显著、持久的市场和利益。此外,新创企业还可以改变规则以创造差异性。创业者必须时刻关注消费者的消费心理和消费倾向,拥有超凡的预见力,在竞争对手之前提供符合消费者需求发展趋势的产品,创造差异性。第二,以全新方式重构独特价值链,新创企业可以通过重构一种全新的价值链来获得差异化竞争优势。设计一条新的价值链是一个创造的过程,需要企业多方面进行协调研究。新创业企业力求与竞争对手在产品或市场上的差异化十分重要,这也是取得顾客认可的最佳方式。

轻资产是知识时代奠定企业竞争基础的各种资产,包括企业的品牌、企业的经验、规范的流程管理、治理制度、与各方的关系资源、客户关系、人力资源等。轻资产的核心是知识管理,是对智力资本的良好管理。其要求是把有效率的知识型员工组合成高绩效的工作小组,整合客户与供应商等企业资源,利用网络技术有效地沟通和协作,共同提供有价值的生产和服务。

(二)战略资源

战略资源是指企业拥有的核心能力和关键资产,既是企业实现目标的后盾,也是差异化竞争优势建立的基础。核心能力是新创企业创造产品或市场独特的技术或能力,是企业战胜竞争对手的优势来源,它对顾客的可感知利益有巨大贡献,并且难以模仿。核心能力一般具有独特性、顾客价值、难以模仿、可向新机会转移的特征。企业的核心能力在短期和长期内都很重要。短期内,正是核心能力使得企业能够将自己差异化,并创造独特价值;从长期来看,企业通过核心能力获得成长及在互补性市场上建立优势地位也很重要。大量的事实表明,企业在一个或两个业务上做好,比在许多业务上保持平均水平要好很多。因此,新创企业应着力发展核心能力,将精力集中于核心业务,集中于产品或服务价值链中更小的环节,并成为所服务市场的专家。同样是开餐馆,高档餐厅、连锁快餐盒送餐的核心能力肯定是不同的。高档餐厅以环境、菜品单价和质量等取胜,连锁快餐则追求标准化和快速复制化。

关键资产是企业拥有的稀缺、有价值的事物,包括工厂和设备、位置、品牌、专利、顾客数据信息、高素质员工和独特的合作关系。作为新企业,应该注重如何创新性地构建这些资产,为顾客创造更高的价值。

(三)价值网络

价值网络整合是指从开放协同和价值分享的理念出发,以超越自身的视野,以产业效率提升和价值优化的思维,通过实现企业在资源、产业、价值链及价值网等层面的整合进行全面的价值创新,从而实现和寻找企业商业模式的思维路径。

在实践中,不管是大企业还是小企业,在投资立项时,大多数企业都会选择以某一个产业里的单一业务作为基本投资对象。实际上,企业要不要专注于某一个业务并不重要,关键在于能否通过商业模式的创新,将企业自己所拥有的资源发挥出最大的效用。反过来,任何一个企业都有着不同的资源,它们要想将这部分资源的价值最大化,常常需要考虑两方面。首先突破产业边界,引进不同的业务组合,因为所有的资源要在各自特定的业务上才能发挥相对更大的价值和作用;其次,构建不同业务之间相辅相成的逻辑关系,将平凡的业务构建成业务间能够相互关联的业务组合,最终也能实现不平凡的业绩。

当然,商业模式应兼顾产业链上下游的盈利模式,只有产业链的上下游全部都盈利,才是一个好的商业模式。这就是商业模式不同于其他方式的一个很重要的标志,它不但要考虑自己盈利,还要考虑上下游的盈利。

虽然大企业与新创企业在进行供应链管理方面面临不同的资源和能力条件。大企业先期良好的经营往往给新事业开发积累了财务资源及信誉资本,这为与优秀企业展开合作提供了有力保障。而新创企业由于受较大的资源约束,也往往具有较小的抗风险能力,因而在寻求优秀企业加入合作过程中往往会面临较大的障碍。在这种情况下,创业者的一些物质和能力及商业模式本身的市场潜力就显得尤为重要。

(四)顾客界面

新创企业针对特定的目标市场,构建友好的顾客界面是影响商业模式效果的重要因素。顾客界面是指企业如何适当地与顾客相互作用,以提供良好的顾客服务和支持,主要涉及顾客实现和支持与定价结构两方面。

顾客实现和支持描述的是企业产品或服务进入市场的方式,或如何送达顾客的方法,也指企业利用的渠道和提供的顾客支持水平。所有这些都影响到企业商业模式的形式与特征。企业愿意提供的顾客支持水平,也影响它的商业模式。有些企业将自己的产品和服务差异化,通过高水平的服务和支持向顾客提供附加价值,如送货和安装、担保和维修、商品保留计划、便利的停车、免费电话等。

(五)顾客利益

顾客利益是连接核心战略与顾客界面的桥梁,代表着企业的战略实际能够为顾客创造的利益。首先,企业的核心战略要充分显示出为顾客服务的意图。例如,企业的产品和市场定位必须集中在未得到充分满足的顾客需求,企业使命必须是在特定市场提供卓越的顾客服务,同时还要注重提供与众不同的产品和服务,这样顾客才能转而购买你的产品。其次,在构建顾客服务与支持系统及产品定价的时候,也要考虑这些是否与企业核心战略一致。例如,一味追求产品低价的恶性竞争策略,显然没有真正从顾客受益的角度来考虑问题,同时不具有长期的战略意义。相反,如果企业提供了切实满足顾客需要的新奇产品和服务,索要高于产品生产成本的价格也是正确的竞争策略。因此,顾客利益是企业制定核心战略及构建顾客服务体系时必须遵守的原则,它涉及企业存在的根本。

(六)构造

构造是连接核心战略与战略资源的界面要素,主要指两者间的有效的搭配关系。首先,战略资源是核心战略的基础,企业缺乏资源,难以制定和实施战略目标。企业产品和市场的选择必须紧紧围绕核心能力和关键资产,越来越多的证据表明,这样可以使企业受益。这主要是因为如果企业根据自身的核心能力和资源集中于价值链中较小的环节,较容易成为特定市场的专家,更易提供更高品质的产品和服务,为企业创造更高的利润。其次,核心战略要充分挖掘企业战略资源的优势,一方面这是创造更多企业价值的需要;另一方面也是有效构建竞争障碍的途径。企业通过关键资源的杠杆作用对已有模式地不断创新,将会使跟进者的模仿变得更加困难。

(七)企业边界

企业边界是连接企业战略资源与伙伴网络的界面,其内含在于企业要根据所掌控的核心能力和关键资源来确定自身在整个价值链中的角色。传统企业的边界观点是建立在成本收益原则基础上的,例如企业是自己生产产品还是从市场购买产品,这就取决于产品的边际成本,产品的边际成本等于交易成本之外就成为企业的边界。而随着市场竞争的日益激烈,现代企业边界观点产生了,它把企业为什么存在及企业应该有多大规模的基础问题归为企业竞争能力的问题,其中企业的核心能力与关键资源决定了企业应该做什么。企业只有围绕其核心能力与关键资源开展业务才可能建立起竞争优势尤其是新创企业,创建之初往往面临较大的资源与能力约束,应集中于自己所长,这也是竞争成功的关键。

总之,在开发和设计新创企业的商业模式时,要正确思考和解决新企业的核心战略、战略资源、伙伴网络、顾客界面等问题,并正确处理它们之间存在的顾客利益,构造及企业边界等方面的关系、优秀的商业模式总是从整体角度审视自己,做到企业核心战略与战略资源的高度一致,并真正给顾客带来实惠和便利,在创造企业利润的同时,使合作伙伴也获得足够多的利益。

四、商业模式设计完善五步法

如同出海需要船一样,设计和完善企业商业模式同样需要借助有效的分析手段。对此,无论是设计还是完善企业商业模式,我们都必须围绕着利润源、利润点、利润渠、利润杠杆、利润屏障这五大要素,以这五大要素的某一至两个要素为核心,设计出适合我们自身特点的五大要素相互协同的价值创造系统。具体过程可以遵循以下五个步骤。

(一)界定和把握利润源——顾客

企业利润源是指购买企业商品或服务的顾客群,它们是企业利润的唯一源泉。企业利润源及其需求的界定,决定了企业为谁创造价值。企业顾客群分为主要顾客群、辅助顾客群和潜在顾客群。好的目标顾客群,一是要有清晰的界定,没有清晰界定的顾客群往往是不稳定的;二是要有足够的规模,没有足够的顾客群规模企业的业务规模必然受到局限;三是企业要对顾客群的需求和偏好有比较深的认识和了解。

设计商业模式的时候,首先需要分析顾客需求,目的就是要为产品寻找能够比较容易呈现价值的顾客群。一般来说,企业盈利的难度并非在技术与产品端,而主要还是在顾客端。有时,只是把握好企业顾客的一点点需求,也可能产生巨大的顾客价值。如果商业模式无法找到相对明确的顾客需求,那么这项新事业将会遭遇无法创造利润的潜在风险。

利润源不清晰,也就是企业顾客和顾客需求不明确,是导致企业商业模式不健全的首要原因。大量经营实践表明,设计和完善商业模式时,分析和把握顾客需求,并寻求产品在市场中的最佳定位,是设计商业模式的一项首要工作。

(二)不断完善企业利润点——产品

利润点是指企业可以获取利润的、目标顾客购买的产品或服务。利润点决定了企业为顾客创造的价值是什么及企业的主要收入及其结构。

好的利润点是顾客价值最大化与企业价值最大化的结合点,它要求:一要针对目标顾客的需求偏好,二要为目标顾客创造价值,三要为企业创造价值。有些企业的产品和服务或者缺乏顾客的针对性,或者根本不创造利润,就不是好的利润点。

(三)打造强有力的利润杠杆,构筑商业模式内部运作价值链

打造利润杠杆—规划企业内部运作价值链是商业模式设计与完善重要内容,它决定了产品或服务是否为企业带来价值和带来价值的多少。企业利润杠杆主要包括以下几种:组织与机制杠杆、技术与装备杠杆、生产运作杠杆、资本运作杠杆、供应与物流杠杆、信息杠杆、人力资源杠杆等。这些内部运作活动可以清楚地界定企业的内部运作的成本及其结构及计划实现的利润目标。设计良好的利润杠杆可以使商业模式极具竞争力。

(四)疏通拓宽利润渠,构筑商业模式外部运作价值链

利润渠,即企业向顾客供应产品和传递产品信息的渠道,是商业模式得以正常运作的必不可少的外部价值链。产品或服务的价值传递是企业把产品和服务传递给目标客户的分销和传播活动,目的是便于目标客户更为方便地购买和了解公司的产品或服务。

(五)建立有效保护利润的利润屏障

利润屏障是指企业为防止竞争者掠夺本企业的目标客户,保护利润不流失而采取的战略控制手段。简单来说,利润杠杆是撬动"奶酪"为我所有,利润屏障是保护"奶酪"不为他人所动。比较有效的利润屏障主要有建立行业标准、控制价值链、领导地位、独特的企业文化、良好的客户关系、品牌、版权、专利等。

商业模式也是一种企业创造利润的思维方式,虽然有许多不同的创造利润方式,但每个企业最终只会从中选择一种方式,而企业的主导思维架构将是决定商业模式的主要因素。许多技术创新面对的是一种不确定性极高的未来环境,而市场信息也无法全盘取得,因此没有一个商业模式能确保未来利润一定会被实现,也没有所谓最佳的商业模式。经理人在设计与执行商业模式的时候,一定要保持未来需要弹性调整的心态。也就是说,商业模式的内含需要因应环境变动,并在执行时保持高度的弹性。

第三节　商业模式的检验与评价

商业模式应用需要结合行业市场的特征、发展趋势、文化内涵,在企业拥有的各种资源基础上,运用创业者的条件优势和知识因素而形成。商业模式在本质上属于实践活动,其效果要以具体化的形式在经济活动中体现出来。从这个角度来说,实践是检验商业模式的标准。商业模式在实践应用过程中产生的效果是大是小,是利是弊,不能局限于自身检验,还要在与其有所关联的外部活动中得到验证,从不同的行业的市场空间、以不同的企业内含检验商业模式,在更大范围内给予评价,防止创业者在商业模式应用中出现偏颇。

一、商业模式的检验

(一)逻辑检验

成功的商业模式一定是一种有效的盈利模式,因此商业模式必须经受逻辑检验和盈利检验。从直觉的角度考虑商业模式描述的逻辑性,隐含的各种假设是否符合实际或在道理上说得通。商业模式的逻辑检验要重点从以下几个方面检验。

①谁是我们的顾客?②顾客重视的价值是什么?③商业参与各方的动机和

目的是什么？④我们商业模式的与众不同之处是什么？

通过分析以上商业模式的基本逻辑是否符合常识，商业模式的潜在优势和限制因素，可以判断出商业模式的逻辑是否顺畅。

（二）经济检验

商业模式追求的是资源投入的更高价值与效益回报，商业模式的实践效果当然包括经济效果。在企业产品销售与生产过程中，利润标准和生产率标准更是成为检验企业效益的突出指标。这就需要对市场规模的占有率、盈利率、消费者的消费行为和心理、竞争者的战略和实施进行分析假设，从而估计出关于成本、收入和利润的量化数据用以评估经济效益的可行性。当测算出的损益达不到要求时，商业模式不能通过经济检验，在考虑利润的同时需要注意企业成本，利润是指收益与成本之间的差额，能降低成本即表示利润可进一步提升。

商业模式的经济检验也需要建立在顾客的真正需求上。在企业经营实践中经常可以发现，有些创业者的企业所钟情的技术未必就是顾客的真正需要。

（三）文化检验

一个企业的商业模式应当仅仅适用于自己的企业，不可能被其他企业原封不动地照搬。创业者要善于借鉴和分析其运作的流程，并结合自身的资源、能力，打造出自己独特的商业模式。新经济时代的产品同时也是文化产品，经济性和文化性兼容并存，在文化性中折射出经济的要素和商品的属性。文化差异主要是指企业在开展经营活动的过程中，对商业模式需要考虑文化上的差异，使生涯模式与所处目标市场的当地文化契合。文化差异主要包括民族差异、风俗差异、习惯差异、地域差异和认知差异等。

（四）商业模式的法律与伦理检验

当前人们一直把创造利润的多少作为评判商业模式成功与否的唯一标准，这是不完整的。一个好的商业模式在关注利润的同时，还应考虑是否能为顾客带来更大价值，能否给社会带来促进。如果企业只追求利润而不考虑企业伦理，那么企业的经营活动会为社会所不容，最终被淘汰出局。也就是说，如果在企业经营活动中没有必要的法律意识和伦理观指导，其经营本身也不能成功。创业者应深谙相关行业的法律法规，恪守职业和商业道德，要担当起社会责任，才能创造一个真正长期有效的、被整个社会所接受的商业模式。总之,商业模式仅仅是一种企业模式,支撑它不断向前的是那些长期以来容易被创业者忽视的伟大力量,如创业者的梦想及其家庭和爱心。

二、商业模式的评价

一个具有吸引力、成功的商业模式,通常需要具备某些能够创造价值与竞争优势的特点,而这些特点往往影响着创业企业的成功与否,也成为商业模式评价不可忽略的重要因素。

(一)商业模式的适用性

适用性也可以称为个性,是商业模式的首要前提。由于企业自身情况千差万别,市场环境变幻莫测,商业模式必须突出一个企业不同于其他企业的独特性。这种独特性具体表现在它怎样为自己的企业赢得顾客、吸引投资者和创造利润。所谓商业模式,最终体现的是企业的制度和最终实现方式。在这个层面上说,模式没有好坏之分,只有是否适用的区别适用的就是好的,适用较长久的就是更好的。

(二)商业模式的有效性

有效性是商业模式的关键因素。在经济全球化、信息化的今天,无论哪个行业或企业都不可能有万能的、单一的、特定的商业模式,用来保证自己在各种条件下均产生优异的财务结果。因此,评价商业模式的好坏,最根本的一条在于它的有效性。可以认为,有效的商业模式是企业在一定时期、一定条件下,能够选择的为自己带来最佳效益的有效的盈利战略组合。

(三)商业模式的前瞻性

前瞻性是商业模式的灵魂所在。商业模式是与企业的经营目的相联系的,一个好的商业模式要和企业比较高的目的相结合。商业模式实际上就是企业为达到自己的经营目的而选择的运营机制。企业的运营机制反映了企业持续达到其主要目标的最本质的内在联系。企业以盈利为目的,它的运营机制必然突出确保其成功的独特能力和手段—吸引客户、雇员和投资者,在保证盈利的前提下向市场提供产品和服务。但是,仅仅如此是不够的,因为这只是商业模式的"现在式",

而商业模式的灵魂和活力则在于它的"将来式",即前瞻性。也就是说,企业必须在动态的环境中保持自身商业模式的灵活反应、及时修正、快速进步和快速适应。一句话,就是具有长久的适用性和有效性,以达到持续赢利的目的。

三、成功商业模式的核心原则

(一)持续盈利原则

企业能否持续盈利是我们判断其商业模式是否成功的唯一的外在标准,因此,在设计商业模式时,能盈利和如何盈利也就自然成为重要的原则。持续盈利是指既要能盈利,又要能有发展后劲,具有可持续性,而不是一时的偶然盈利。持续盈利是对一个企业是否具有可持续发展能力的最有效的考量标准,盈利模式越隐蔽,越有出人意料的好效果。

(二)客户价值最大化原则

一个商业模式能否持续盈利,是与该模式能否使客户价值最大化有必然联系的。一个不能满足客户价值的商业模式,即使盈利也一定是暂时的、偶然的,是不具有持续性的;反之,一个能使客户价值最大化的商业模式,即使暂时不盈利,但终究也会盈利。所以我们把对客户价值的实现再实现、满足再满足,当作企业应该始终追求的主观目标。

(三)资源整合原则

整合就是要优化资源配置,就是要有进有退、有取有舍,就是要获得整体的最优。

▶▶**1. 优化企业内部价值链,获得专业化集中优势**

企业集中于产业链的一个或几个环节,不断优化内部价值链,获得专业化优势和核心竞争力,同时以多种方式与产业链中其他环节的专业性企业进行高度协同和紧密合作。

▶▶**2. 深化与产业价值链上下游企业的协同关系**

通过投资、协同、合作等战略手段,深化与产业价值链上下游企业的关系,在开发、生产和营销等环节上进行密切协作,使自身的产品和服务进一步融入客户企业的价值链运行当中,提高产业链的整体竞争能力。

▶▶ **3. 强化产业价值链的薄弱环节,释放整体效能**

具体的做法包括:由强势的高效率企业对低效率企业进行控制,或建立战略合作伙伴关系,或由产业链主导环节的领袖企业对产业链进行系统整合,如蒙牛公司对上游奶站的收购。

▶▶ **4. 把握关键环节,重新组织产业价值链**

企业必须识别和发展所在产业价值链的核心价值环节,即高利润区,并将企业资源集中于此环节中,培育核心能力,构建集中的竞争优势,然后借助这种关键环节的竞争优势,获得对其他环节协同的主动性和资源整合的杠杆效益,使企业成为产业链的主导,获得其他环节的利润或价值的转移,构建起基于产业链协同的竞争优势。

(四)创新优势原则

时代华纳前首席执行官迈克尔·邓恩说:"在经营企业的过程中,商业模式比高技术更重要,因为前者是企业能够立足的先决条件。"一个成功的商业模式不一定是在技术上的突破,而是对某一个环节的改造,或是对原有模式的重组、创新,甚至是对整个游戏规则的颠覆。商业模式的创新形式贯穿于企业经营的整个过程之中,贯穿于资源开发、研发模式、制造方式、营销体系、市场流通等各个关节,也就是说,在企业经营的每一个环节上的创新都有可能变成一种成功的商业模式。

(五)融资有效性原则

融资模式的打造对企业有着特殊的意义,尤其是对中国广大的中小企业来说更是如此。我们知道,企业生存需要资金,企业发展需要资金,企业快速成长更需要资金,资金已经成为所有企业发展中绕不过的障碍和很难突破的瓶颈。谁能解决资金问题,谁就能赢得了企业发展的先机,也就掌握了市场的主动权。从一些已成功的企业的发展过程来看,无论其对外阐述的成功理由是什么,都不能回避和掩盖资金对其成功的重要作用,许多失败的企业就是由于没有建立有效的融资模式。例如,巨人集团,因为近千万元的资金缺口而轰然倒下;蒙牛在创建之初,由于缺乏必需的资源要素,因此提出了"先建市场,再建工厂"的"虚拟经营"模式,以联营、联盟、托管、外包和租赁等形式整合所需资源。所以说,商业模式的设计中很重要的一环就是要考虑融资模式,甚至可以说,能够融到资金并能合理运用,商业模式就已经成功一半了。

(六)组织管理高效率原则

高效率是每个企业管理者都梦寐以求的境界,也是企业管理模式追求的最高目标。用经济学的眼光衡量,决定一个国家富裕或贫穷的砝码是效率,决定企业有无盈利能力的也是效率。

从现代管理学理论来看,一个企业要想高效率的运行,首先要解决的是企业的愿景、使命和核心价值观,这是企业生存、成长的动力,也是促使员工努力工作的理由。其次是要有一套科学实用的经营和管理系统,解决是系统协同、计划、组织和约束问题,最后还要有科学的奖励、激励方案,解决的是如何让员工分享企业的成长果实的问题,也就是向心力的问题。

(七)风险控制原则

设计再好的商业模式,如果抵御风险的能力很差,就会像在沙丘上建立的大厦一样,经不起任何风浪。这里的风险指的是系统内的风险,如产品的变化、人员的变更、资金的短缺等。

四、成功商业模式的特征

长期从事商业模式研究和咨询的埃森哲咨询公司认为,成功的商业模式组合应该具有以下三个共同的特点。

(一)它必须是能够提供独特价值的

有的时候,这个独特可能是新的思想,而更多的时候,它往往是产品和服务独特性的组合。这种组合要么可以向客户提供额外的价值,要么使得客户能用更低价格获得同样的利益,或者是用同样的价格获得更多的利益。

(二)它必须是难以模仿的

企业通过确立与众不同的商业模式,如对顾客的细心照料,用无与伦比的实力等来提高行业的进入门槛,从而保证利润来源不受侵犯。例如,直销模式仅凭"直销"一点,还不能称其为一个商业模式,人人都知道其如何运作,也都知道戴尔公司是直销的标杆,但很难复制戴尔的模式,原因在于"直销"的背后,是一个完整的、极难复制的资源和生产流程。

(三)它必须是脚踏实地的

脚踏实地就是实事求是,就是把商业模式建立在对客户行为的准确把握上。企业要做到量入而出、收支平衡。这个看似不言而喻的道理,要想年复一年、日复一日地做到,却并不容易。现实当中很多企业,不管是传统企业还是新型企业,对于自己的钱从何处赚来,为什么客户看中自己企业的产品和服务,乃至有多少客户实际上是不能为企业带来利润,反而在侵蚀企业的收入等关键问题都不甚了解。

埃森哲提出的关于成功商业模式的三个特征与 SAP 提出的三个要素是相互印证的,总而言之,有效的商业模式是丰富和细致的,并且它与企业的经营目的相联系,具有前瞻性、适用性、有效性。同时,成功的商业模式必然有正确的客户定位与选择、资金注入的持续性、成本的革命性降低、竞争的高门槛、系统的价值链设计等。

第四节　商业模式创新

进入 21 世纪,随着原材料上涨、劳动力成本上涨、人民币升值、竞争炽热化,传统行业已经饱和,市场机会越来越少。在产品同质化、渠道同质化、竞争同质化的今天,许多企业在发展中感到市场疲软、增长受阻,无法实现自身的再次超越。但不可否认的是,一些新兴行业却如鱼得水、快速崛起,如国美电器、阿里巴巴购物网、分众传媒等,短时期内成为行业领袖,创造出新的商业神话。

这些企业靠什么在短时间内实现企业快速增长乃至行业领先呢?因为这些企业找到了新的商业盈利模式:一是发现消费者需求结构的变化,如国美突破传统的家电销售模式,实行集中规模化采购,开展一站式商超化连锁经营模式,既降低了采购成本、又便于统一销售服务,方便消费者购买。阿里巴巴则是发现网络新媒体,构建网络无店铺营销平台,满足互联网便捷购货需求趋势。二是通过资本介入进行整合,在资本推动下,成本就掌握在拥有更多竞争优势的领先者手中,从而快速实现整合,打击吞并对手,并快速奠定霸主地位。这种打破传统营销规则的做法,就是商业模式创新。

商业模式创新是当今企业获得核心竞争力的关键。沃尔玛、亚马逊、Zara、Netflix、Ryanair 航空和 ARM 等企业都是因为它们独特而具有竞争力的商业模式而异军突起,在各自竞争激烈的行业成为领袖。在过去十年成功跻身于财富500 强的 27 家企业中,有 11 家都是通过商业模式创新而取得成功。

虽然商业模式创新很重要,但挑战也很大。商业模式是无形的,远不如产品创新那么具体,而且它也是一个相对较新的概念。所以,围绕商业模式的讨论缺乏统一性和准确性,造成了很多认识上的误区。例如,有人认为它就是轻资产和取代产品创新的便利方法。事实上,很多总裁对本企业的商业模式都缺乏充分地理解,更谈不上创新。其实,商业模式创新就是对企业以上的基本经营方法进行变革。具体创新方法可以分成两大类。

一、改变模式的方法

(一)改变收入模式

改变收入模式就是改变一个企业的用户价值定义和相应的利润方程或收入模型,这就需要企业从确定用户的新需求入手。这并非是市场营销范畴中的寻找用户新需求,而是从更宏观的层面重新定义用户需求,即去深刻理解用户购买你的产品所需要完成的任务或要实现的目标是什么。其实,用户要完成一项任务需要的不仅是产品,而是一个解决方案、一旦确认了此解决方案,也就确定了新的用户价值定义,并可依次进行商业模式创新。

国际知名电钻企业喜利得公司就从此角度找到用户新需求,并重新确认用户价值定义。喜利得一直以向建筑行业提供各类高端工业电钻著称,但近年来,全球激烈竞争使电钻成为低利标准产品。于是,喜利得通过专注于用户所需要完成的工作,意识到它们真正需要的不是电钻,而是在正确的时间和地点获得处于最佳状态的电钻。然而,用户缺乏对大量复杂电钻的综合管理能力,经常造成工期延误。因此,喜利得随即改动它的用户价值定义,不再出售而出租电钻,并向用户提供电钻的库存、维修和保养等综合管理服务。为提供此用户价值定义,喜利得公司变革其商业模式,从硬件制造商变为服务提供商,并把制造向第三方转移,同时改变盈利模式。

(二)改变企业模式

改变企业模式就是改变一个企业在产业链的位置和充当的角色,也就是说,改变其价值定义中"造"和"买"的搭配,一部分由自身创造,其他由合作者提供。一般而言,企业的这种变化是通过垂直整合策略或出售及外包来实现。例如,谷歌在意识到大众对信息的获得已从桌面平台向移动平台转移,自身仅作为桌面平台搜索引擎会逐渐丧失竞争力,就实施垂直整合,大手笔收购摩托罗拉手机和安卓移动平台操作系统,进入移动平台领域,从而改变了自己在产业链中的位置及商业模式,由软变硬。

(三)改变产业模式

改变产业模式是最激进的一种商业模式创新,它要求一个企业重新定义本产业,进入或创造一个新产业。例如,IBM 通过推动智能星球计划和云计算,重新整合资源,进入新领域并创造新产业,如商业运营外包服务和综合商业变革服务等,力求成为企业总体商务运作的大管家。亚马逊也是如此,它正在进行的商业模式创新是向产业链后方延伸,为各类商业用户提供如物流和信息技术管理的商务运作支持服务,并向它们开放自身的 20 个全球货物配发中心,并大力进入云计算领域,成为提供相关平台、软件和服务的领袖。其他如高盛、富士和印度大企业集团 Bharti Airtel 等都在进行这类的商业模式创新。

(四)改变技术模式

第四种方法是改变技术模式。正如产品创新往往是商业模式创新的最主要驱动力,技术变革也是如此。企业可以通过引进激进型技术来主导自身的商业模式创新,如当年众多企业利用互联网进行商业模式创新。当今,最具潜力的技术是云计算,它能提供诸多崭新的用户价值,从而提供企业进行商业模式创新的契机。另一项重大的技术革新是 3D 打印技术,如果一旦成熟并能商业化,它将帮助诸多企业进行深度商业模式创新。如汽车企业可用此技术替代传统生产线来打印零件,甚至可采用戴尔的直销模式,让用户在网上订货,并在靠近用户的场所将所需汽车打印出来。

当然,无论采取何种方式,商业模式创新需要企业对自身的经营方式、用户需求、产业特征及宏观技术环境具有深刻的理解和洞察力。这才是成功进行商业模式创新的前提条件,也是最困难之处。

二、价值链创新

(一)价值链延展型创新

这种商业模式创新是在原有价值链的基础上,通过延长其两端的价值活动,即向行业价值链两端的供应商价值链、渠道价值链和顾客价值链延伸,或者在某些价值活动的横截面上延展同类价值活动,使企业价值链涵盖更多的价值活动,如并购同类企业以实现产品的相关多元化,从而获得成本领先和差异化优势。因此,延展型商业模式创新又可以分为纵向延展型商业模式创新、横向延展型商业模式创新和混合型商业模式创新。

》》1. 纵向延展型商业模式创新

纵向延展型商业模式创新中包含了两种典型的模式,即前向一体化商业模式和后向一体化商业模式。

(1)前向一体化商业模式创新

将渠道价值链和顾客价值链上的价值活动纳入企业价值链,成为企业从事的价值活动的一部分,从而消灭了中间商(企业外部的物流、代理商和零售商等),企业直接面对消费者组织销售,并将中间利润与消费者共享。

(2)后向一体化商业模式创新

将供应商价值链纳入企业价值体系中,实现企业原材料的自给自足,这可以节省大量的交易费和采购成本,从而增强企业成本优势和盈利能力。

》》2. 横向延展型商业模式创新

在横向延展型商业模式创新中最具代表的是以产品相关多元化为基础,通过对相关价值活动进行优化整合而形成的企业商业模式。

》》3. 混合延展型商业模式创新

混合延展型商业模式创新兼具纵向和横向延展型商业模式创新的特点,既包含了价值活动的纵向延伸又包括了价值活动的横向扩展。

延展型商业模式创新将原本在企业外部的价值活动纳入企业经营范围内,这不仅增加了企业的价值活动,还扩大了企业与各利益方的关系网络,甚至包括网络化价值链下企业间的合作关系。通过对企业有效的制度安排和关系整合可以节省大量的交易费用,提高企业的整体反应效率,进而增强企业的整体竞争实力和盈利能力。

(二)价值链分拆型商业模式创新

价值链分拆型商业模式创新是将企业的基础性价值活动进行分拆、剥离、外包,使企业价值链缩短,企业只保留那些核心价值活动和相对优势价值活动,并在此基础上对价值活动的各利益方尤其是伙伴关系进行重新整合,形成有效的制度安排。

这种商业模式创新遵循的基本原则是企业从事基础价值活动所产生的总成本高于其通过价值链分拆、职能外包所产生的新的总成本。企业通过职能外包,可以与其伙伴企业实现资源、要素和能力的优势互补,从而降低总成本,提高企业的敏捷性和柔韧性,增加企业超额利润。在价值链分拆型商业模式创新中,最具代表性的就是OEM模式,即通常所说的贴牌生产,企业只保留品牌、设计、财务等关键价值活动,而将生产活动外包给具有比较优势的其他企业。

(三)价值创新型商业模式创新

这种商业模式创新与前面两种模式不同,它并不延长或缩短企业家价值链,而是只针对基础价值链上的价值活动进行创新,从而形成其他企业难以学习和模仿的核心能力。价值创新一般是在几种价值活动间协同进行的,既包括技术层面的创新,又包括组织结构、制度安排、价值理念和企业文化层面的创新,这是其他企业很难模仿的。这种通过价值创新形成的商业模式可以产生很强的协同效应,不仅能提高企业的运营效率,而且能降低企业的运营成本,增强企业的核心竞争力。

价值创新型商业模式创新中较为常见的是通过技术创新实现产品的核心多元化和生产成本的节约,进而形成的新商业模式。这虽然与横向延展型商业模式创新中的产品多元化商业模式有着相似的组织模式或制度安排,但两者的形成机制与核心价值活动却有着本质的区别。创新型核心多元化企业商业模式是通过核心技术创新实现的,而后者只是通过购并同类企业并对其产品和业务进行整合来实现,不存在自身核心技术的创新,因此不能将两者混为一谈。

(四)价值链延展与分拆相结合的商业模式创新

价值链延展与分拆相结合的商业模式创新实际是第一类和第二类企业商业

模式创新的混合体。这种企业商业模式创新既对企业基础价值活动进行分拆外包，又把企业以外的其他价值活动纳入企业价值体系中，然后再对价值活动、利益方关系进行优化整合，采用有效的组织方式和制度安排。因此，它兼具了前两类商业模式创新的优点。

一方面，通过价值链延展，新创企业可以获得成本优势、协同优势和范围优势；另一方面，通过价值链分拆，可以提高新创企业敏捷性和柔韧性，实现资源和能力的优势互补，从而可以在很大程度上提高新创企业的整体竞争优势。在实践中，这种企业商业模式的成功运作是非常复杂的，它要求企业必须首先十分慎重地识别出自身基础价值链中的优势价值活动和劣势价值活动，然后对其进行分拆，同时还要求企业将自身以为的价值活动纳入企业价值链中，并对其进行整合优化，以实现整体的协同效应。

（五）混合创新型商业模式创新

混合创新型商业模式创新是通过把创新活动进入第一类、第二类、第四类商业模式创新而形成的，因此又可以分为延展创新型、分拆创新型和延展与分拆混合创新型3类商业模式。

延展创新型是在企业价值链延展的基础上对其价值活动进行创新而形成的；分拆创新型是通过对分拆后企业保留的优势价值活动进行创新而形成的；延展与分拆混合创新型是在对企业价值链进行延展与分拆的基础上，对组合后的价值活动进行创新并优化整合而形成的，包括价值链的延展与分析、技术创新、制度创新、组织方式创新和文化创新等，是所有商业模式创新中最复杂、最具竞争活力且最难被模仿的一类。

混合创新型是现实中存在数量最多、最常见的一类商业模式创新，因为新创企业想要在激烈的市场竞争中长期保持一定的竞争优势，就必须不断地根据自身优势进行创新。一方面通过价值链的延展、分拆获得成本领先和管理协同，实现优势互补和灵活反应；另一方面通过价值活动的创新增强企业核心竞争力，提高企业差异化经营能力，为企业和顾客创造更多的价值。

参考文献

[1]裴小倩,严运楼.高校创新创业教育协同机制研究[M].上海:上海交通大学出版社,2018.

[2]王玉斌,张丽.全球价值链分工与高校创新创业教育研究[M].成都:四川大学出版社,2018.

[3]邓如涛.新常态下高校创新创业教育研究[M].成都:电子科技大学出版社,2017.

[4]王宏.高校大学生创新创业能力培育研究[M].长春:吉林人民出版社,2017.

[5]王一鸣.新形势下应用型高校德育和创新创业[M].北京:光明日报出版社,2018.

[6]耿丽微,赵春辉,张子谦.高校大学生创新能力培养与创业教育研究[M].成都:电子科技大学出版社,2017.

[7]吴金秋.中国高校"融入式"创新创业教育[M].哈尔滨:黑龙江人民出版社,2013.

[8]陈忠平,董芸.新形势下高校创新创业教育[M].北京:冶金工业出版社,2019.

[9]高连宏.高校创新创业教育理论与实践[M].北京:现代出版社,2019.

[10]孙冲武.高校创新创业教育研究[M].哈尔滨:黑龙江教育出版社,2017.

[11]潘斌.高校创新创业人才培养模式研究[M].北京/西安:世界图书出版公司.2018.

[12]何晓敏.高校创新创业教育问题的理性透析[M].北京:中国发展出版社,2018.

[13]郤艳丽.高校创新创业教育运行机制研究[M].北京:地质出版社,2017.

[14]王俭,孟奇恺.高校创新创业教育体系的构建与实践[M].哈尔滨:东北林业大学出版社,2017.

[15]蒙志明.中国高校创新创业教育观察[M].西安:西北工业大学出版社,2017.

[16]韩瑞平,陈立永,叶德成.高校创新创业教育体系研究[M].延吉:延边大学出版社,2017.